100アイデア index

この本で紹介する100のステッチの作例を、アイデアごとにまとめてみました。
「ページ数（作例番号）」で記載していますので、チェックしてみてください。

1 気軽にステッチしたいときのアイデア

ほぼひとつのステッチだけで、あるいは少ない刺し数で完成する、刺繍初心者でもたのしめる作例。

2 持ちものをアレンジしたいときのアイデア

バッグやブラウスなどアイテムのアレンジにおすすめの作例。

3 いろんなモチーフを刺繍したいときのアイデア

ステッチの持ち味を活かしながら、いろいろなモチーフをカタチにできる作例。

【植物】

7（4B, 5B）
11（11A, 13B）
15（19A, 21）
27（47, 48, 49, 50, 51）
33（62A, 62B, 63）
35（64）
37（69, 70, 71）
39（75）
43（81, 82, 83, 84, 85）
47（92）

【動物】

7（1B, 4C, 5A, 5D）
11（12D, 13D）
13（14, 15, 16, 17）
19（27, 28, 29, 30）
21（34, 35）
23（39）
25（42, 43, 44, 45, 46）
29（52, 53, 54, 55, 56）
33（62A, 62B, 63）
41（78）
45（86, 87, 88, 89）
51（99）

【文字＆フレーム】

7（1B）
11（9A, 10C）
15（19B）
17（23）
19（31）
21（32）
23（37, 38, 39, 40, 41）
39（76）
41（79）
51（98）

【そのほか】

7（1C, 1D, 2A, 2B, 2C, 2D, 3A, 3D, 4D, 5C, 6A, 6B, 6C, 6D）
11（7A, 7B, 7C, 8A, 8B, 9B, 10A, 10B, 10C, 10D, 11B, 11C, 11D, 12A, 12B, 12C, 13A, 13C）
17（22, 23, 24, 25, 26）
21（36）
31（57, 58, 59, 60, 61）
49（93, 94, 95, 96）

4 質感を追求したいときのアイデア

ステッチのテクスチュアや手ざわりのおもしろさ、糸の違いによる見え方や雰囲気の違いなどが際立つ作例。

11（10A, 11B, 11D, 12D）
13（15, 16）
21（36）
25（42）
31（58, 59, 60）
33（62A, 62B, 63）
41（78）
43（81, 82, 83, 84, 85）
45（86, 87, 88, 89）
47（90）
51（99）

ステッチをたのしむ
刺繍レッスン
100 stitches & 100 ideas

神尾茉利

河出書房新社

Contents

基本のステッチ ……… 4

ランニングステッチ……… 4
バックステッチ……… 4
ストレートステッチ……… 4
コーチングステッチ……… 4
アウトラインステッチ……… 5
チェーンステッチ……… 6
サテンステッチ……… 8
パデッドサテンステッチ……… 8
サーフェイスサテンステッチ……… 8
ロングアンドショートステッチ……… 9
フレンチノットステッチ……… 10
バリオンステッチ……… 10
レゼーデージーステッチ……… 10

線のステッチ ……… 12

ウィップドランニングステッチ……… 12
スレデッドランニングステッチ……… 12
ダーニングステッチ……… 12
ホルベインステッチ……… 12
ウィップドアウトラインステッチ……… 14
スプリットステッチ……… 14
オルタネイティングステムステッチ……… 14
ソーンステッチ……… 14
シードステッチ……… 16
ウィップドバックステッチ……… 16
スレデッドバックステッチ……… 16
ダブルスレデッドバックステッチ……… 16
ペキニーズステッチ……… 16
ジグザグチェーンステッチ……… 18
チェッカードチェーンステッチ……… 18
ウィップドチェーンステッチ……… 18
タイドチェーンステッチ……… 18
バックステッチドチェーンステッチ……… 18
オープンチェーンステッチ……… 20
ケーブルチェーンステッチ……… 20
ツイステッドチェーンステッチ……… 20
ロゼットチェーンステッチ……… 20
ブレードステッチ……… 20
フライステッチ……… 22
プレイテッドフライステッチ……… 22
ダブルフライステッチ……… 22
バリッドフライステッチ……… 22
フェザーステッチ……… 22
シングルフェザーステッチ……… 24
ダブルフェザーステッチ……… 24
トレブルフェザーステッチ……… 24
ノッテッドフェザーステッチ……… 24
ロングアームドフェザーステッチ……… 24
クローズドフェザーステッチ……… 26
クレタンステッチ……… 26
オープンクレタンステッチ……… 26
ブランケットステッチ……… 26
ウィップドブランケットステッチ……… 26
クローズドブランケットステッチ……… 28
ボタンホールホイールステッチ……… 28
ダブルボタンホールステッチ……… 28
テイラードボタンホールステッチ……… 28

各種ステッチの使用例として作例（p.7、11、13～51）を掲載しています。補助的に用いたステッチもあり、各ページの下に「(＋補助的に用いたステッチ名)」として明記しています。作例は、主に25番刺繍糸を用いていますが、ところどころにウール糸やファンシーヤーンを取り入れています。また、作例のため、図案は掲載しておりません。自由に各種ステッチをおたのしみください。

シェブロンステッチ……28
ヘリンボーンステッチ……30
クローズドヘリンボーンステッチ……30
スレデッドヘリンボーンステッチ……30
ダブルヘリンボーンステッチ……30
ヘリンボーンラダーステッチ……30

面のステッチ ……32

リーフステッチ……32
セルフパッデッドリーフステッチ……32
ファーンステッチ……34
フィッシュボーンステッチ……34
レイズドフィッシュボーンステッチ……34
シーディングステッチ……36
ジグザグステッチ……36
スポークステッチ……36
バンドルステッチ……36
ランブラーローズステッチ……36
スレデッドチェーンステッチ……38
ダブルレゼーデージーステッチ……38
フレンチレゼーデージーステッチ……38
ロングフレンチノットステッチ……38
コーラルステッチ……38
ジグザグコーラルステッチ……40
ジャーマンノットステッチ……40
ケーブルステッチ……40
フォーレグドノットステッチ……40
ルーマニアンステッチ……42
ローマンステッチ……42
ルーマニアンコーチングステッチ……42
ツイステッドループステッチ……42
チューリップステッチ……42
バリオンローズステッチ……44
バリオンノットステッチ……44
バリオンデージーステッチ……44
ターキーノットステッチ……44
リングステッチ……46
キャストオンステッチ……46
キャストオンローズステッチ……46
スパイダーウェブローズステッチ……48
リブドスパイダーウェブステッチ……48
レイズドスパイダーウィーブステッチ……48
ウォーブンスパイダーズウェブステッチ……48
バスケットフィリングステッチ……50
ハニコムフィリングステッチ……50
クラウドフィリングステッチ……50
コーチドトレリスステッチ……50

さまざまなステッチを組みあわせてみましょう ……52

コアラ……52
ヒョウ……53
フクロウ……53
アルファベット……54
オオカミ……56
ネズミ……56

図案……58

基本のステッチ

1 Running stitch
ランニングステッチ

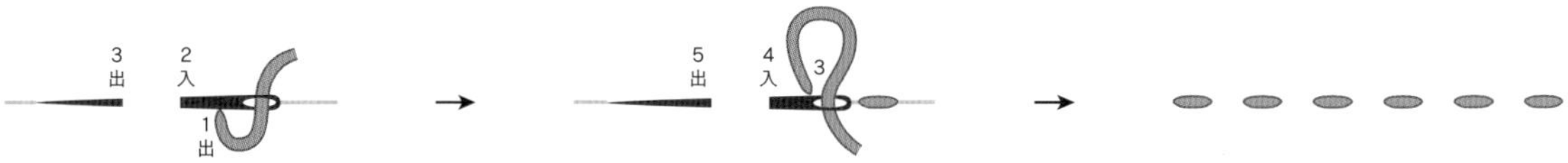

2 Back stitch
バックステッチ

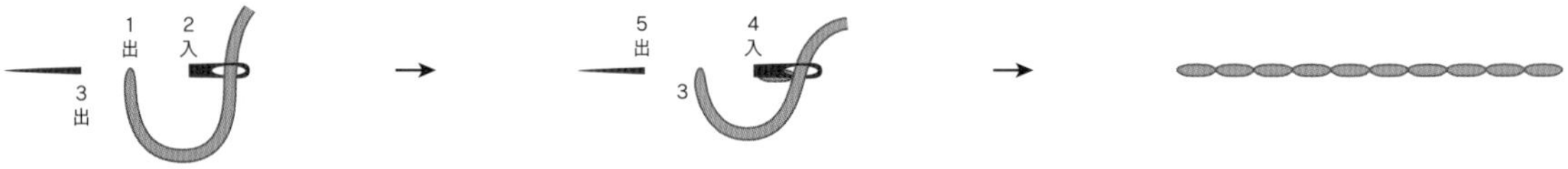

3 Straight stitch
ストレートステッチ

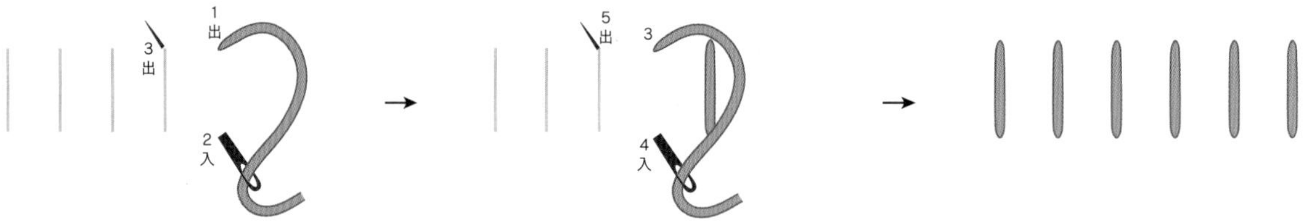

4 Couching stitch
コーチングステッチ

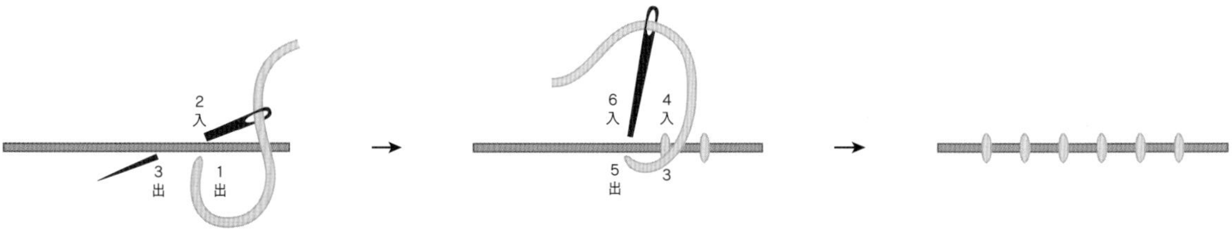

5 Outline stitch

アウトラインステッチ　別名／ステムステッチ

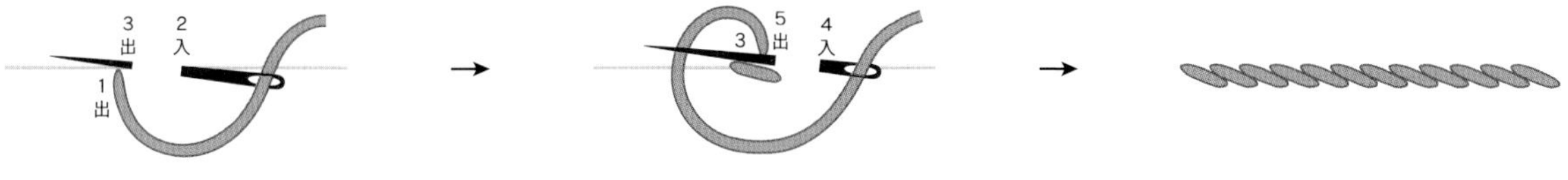

細いアウトラインステッチ

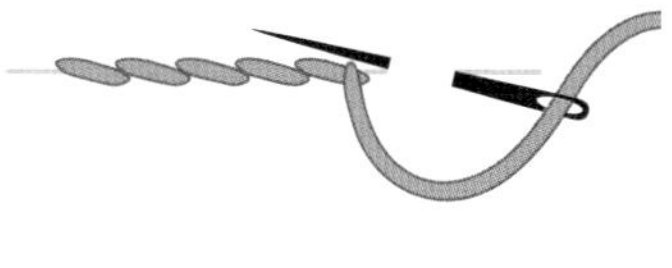

太いアウトラインステッチ

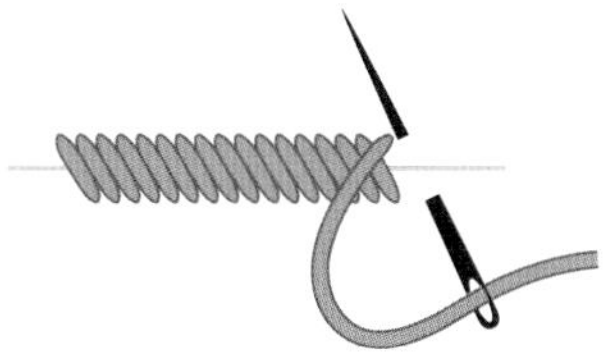

曲線の刺し方

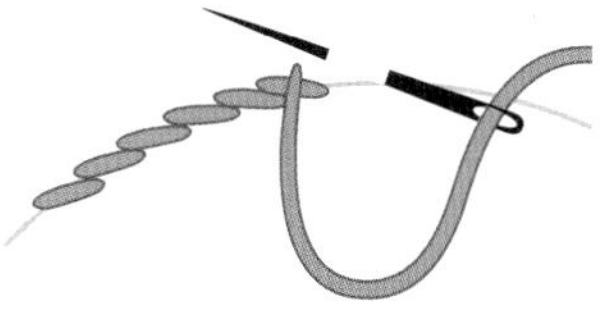

角の刺し方

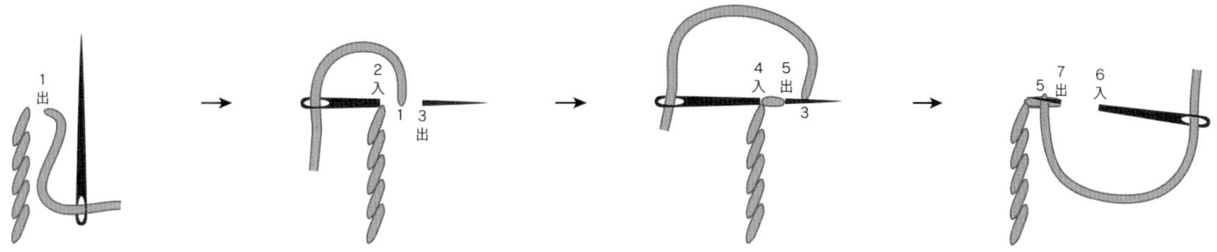

鋭角の刺し方

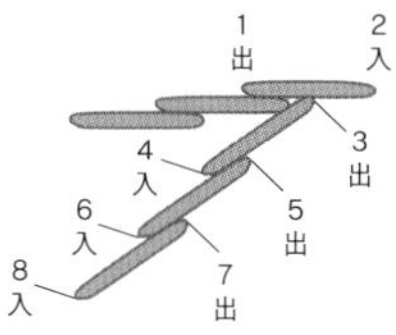

【糸の替え方】

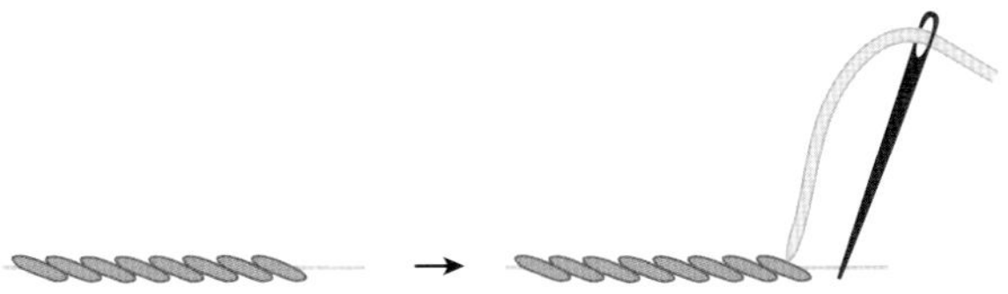

【刺しはじめと
刺しおわりのつなげ方】

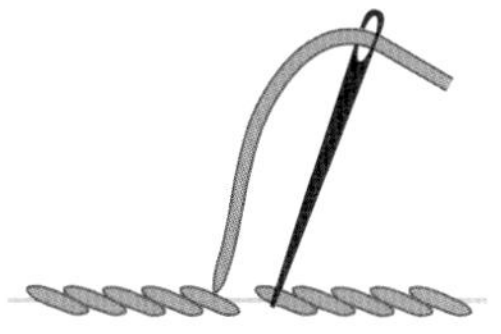

6 Chain stitch

チェーンステッチ

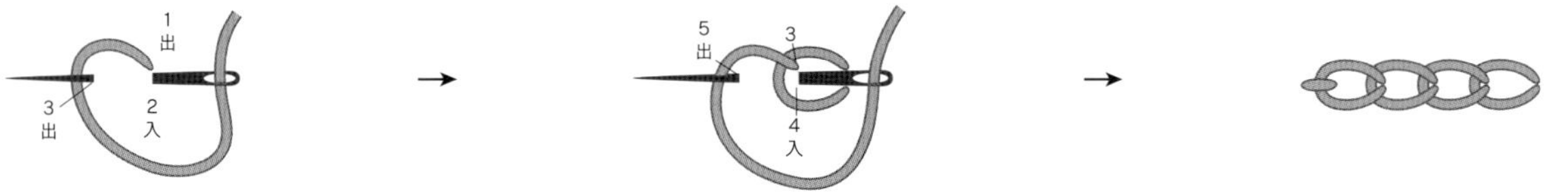

角の刺し方

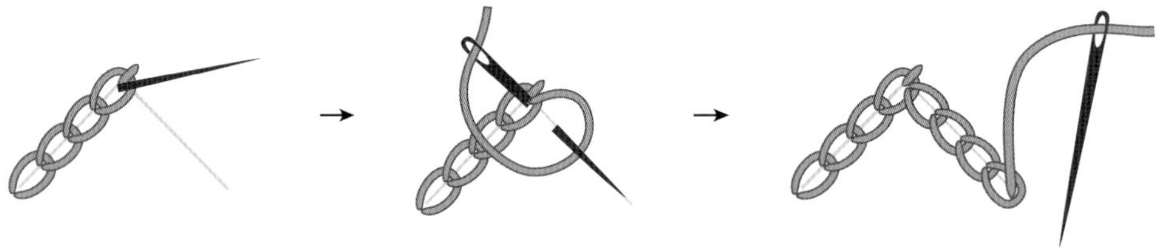

【刺しおわり】

【糸の替え方】

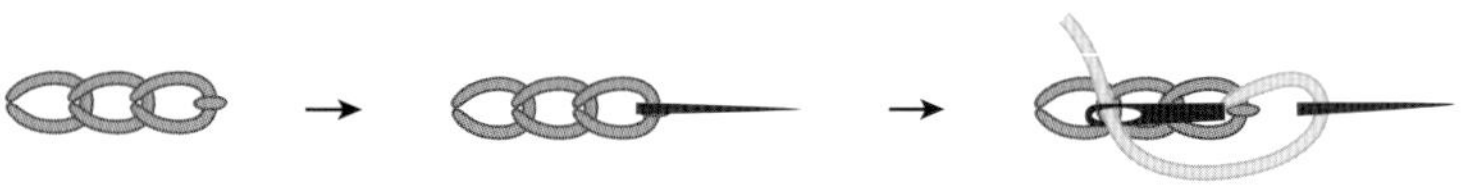

【刺しはじめと刺しおわりのつなげ方】

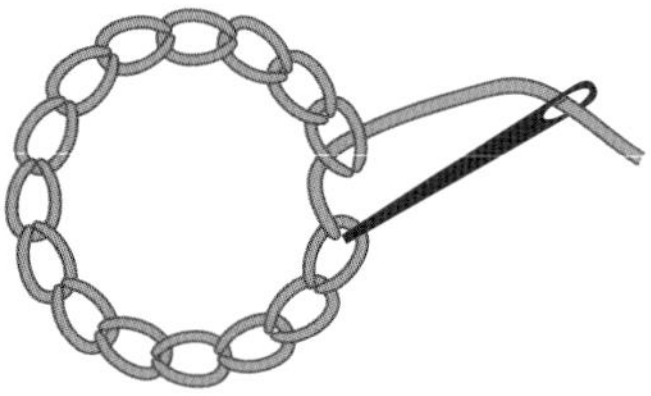

フィリングとは?

フィリングとは「面を埋めること」を意味します。よって、たとえばアウトラインフィリングステッチは、アウトラインステッチを何列も刺して面を埋めるステッチということになります。

アウトラインフィリングステッチ

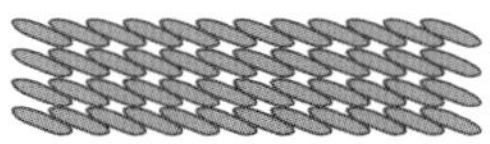

チェーンフィリングステッチ

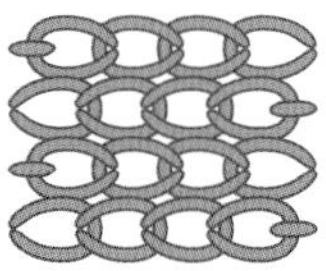

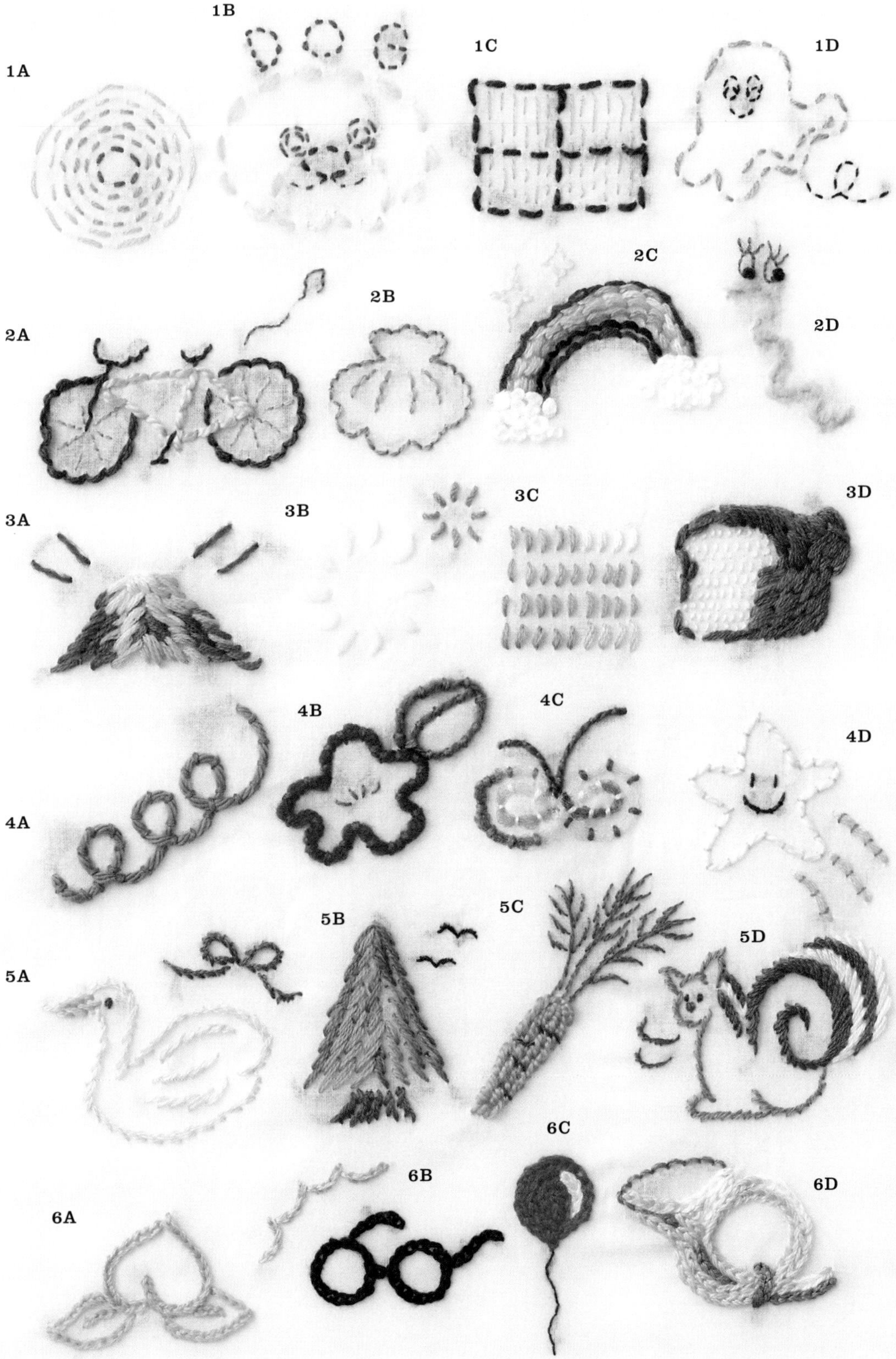

1A-D ランニングステッチ／ 2A-B バックステッチ／ 2C-D バックステッチ（+ フレンチノットステッチ）／ 3A-D ストレートステッチ／ 4A、4C コーチングステッチ／ 4B、4D コーチングステッチ（+ ストレートステッチ）／ 5A、5D アウトラインステッチ（+ サテンステッチ）／ 5B-C アウトラインステッチ／ 6A-B チェーンステッチ／ 6C-D チェーンステッチ（+ バックステッチ）

7 Satin stitch
サテンステッチ

I

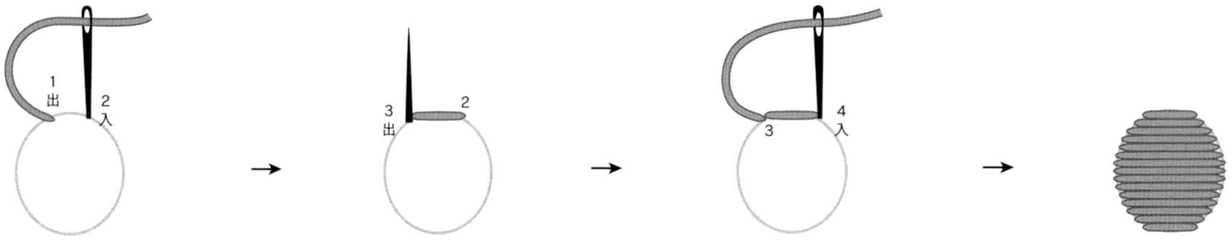

II

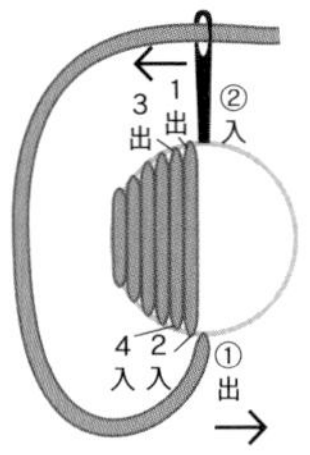

斜めに刺す

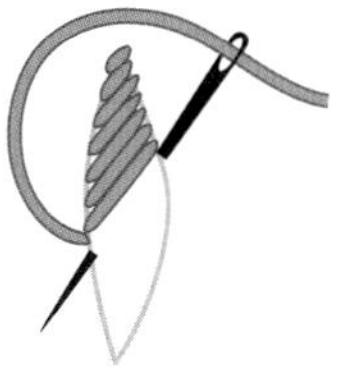

葉形に刺す

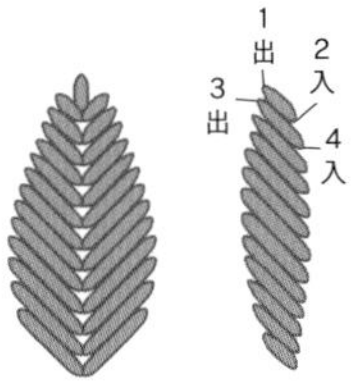

8 Padded satin stitch
パデッドサテンステッチ 別名／芯入りサテンステッチ

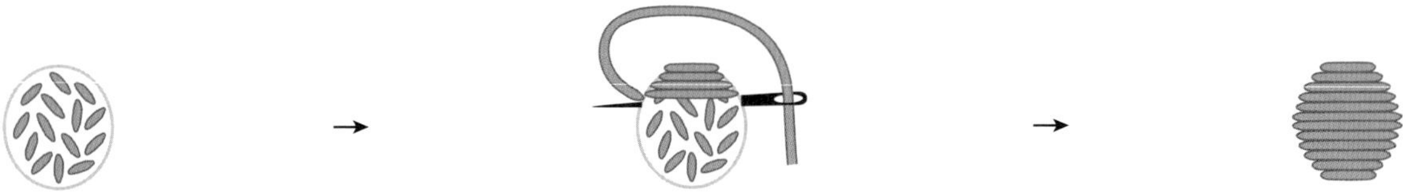

9 Surface satin stitch
サーフェイスサテンステッチ

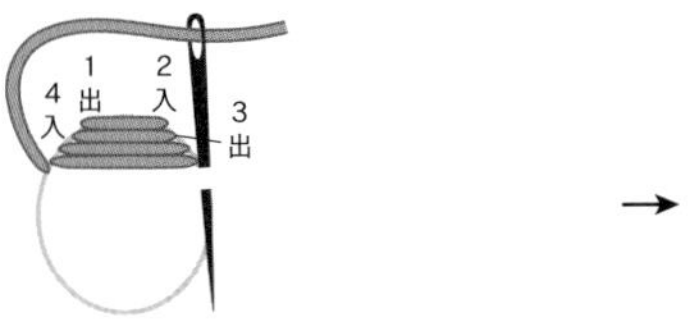

裏面

10 Long and short stitch
ロングアンドショートステッチ

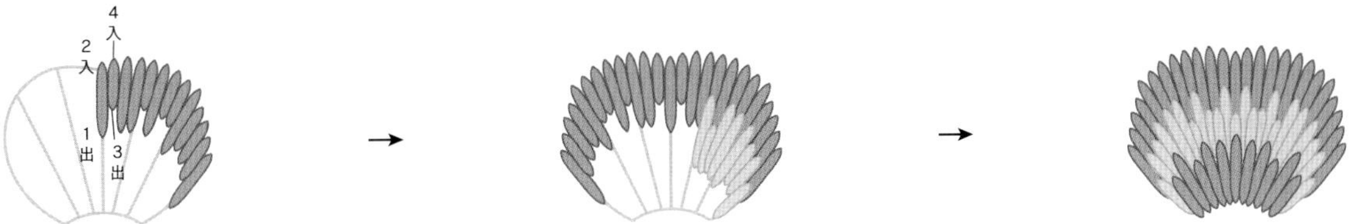

【2段目以降の糸の重ね方】

並べて刺す

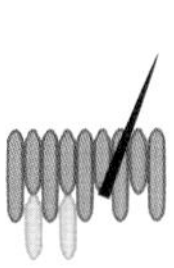

糸を割って刺す

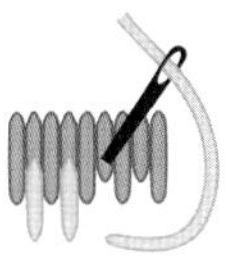

糸と糸の間に刺す

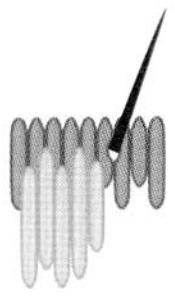

輪郭を縁どり

サテンステッチやロングアンドショートステッチを刺す前に、バックステッチやアウトラインステッチで縁どりする手法もあります。刺繍にボリュームを出したり、きれいに仕上げるために、ひと手間加えてみるのもよいかもしれません。

バックステッチ＋サテンステッチ

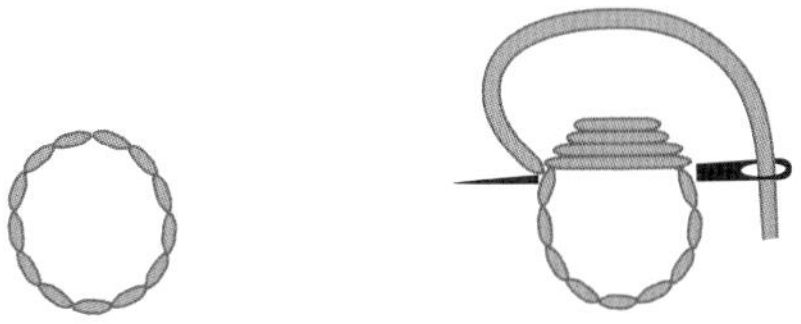

アウトラインステッチ＋ロングアンドショートステッチ

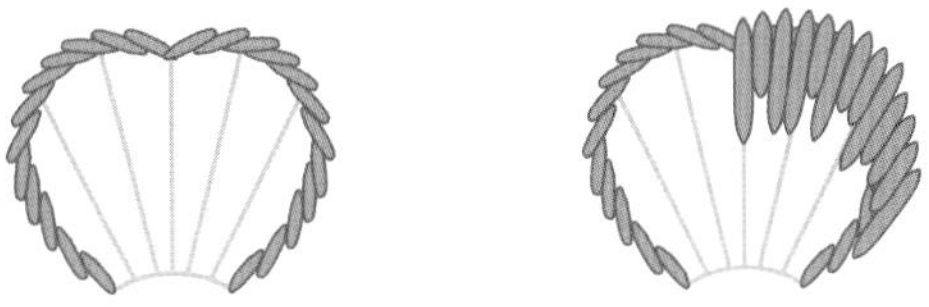

11 French knot stitch
フレンチノットステッチ

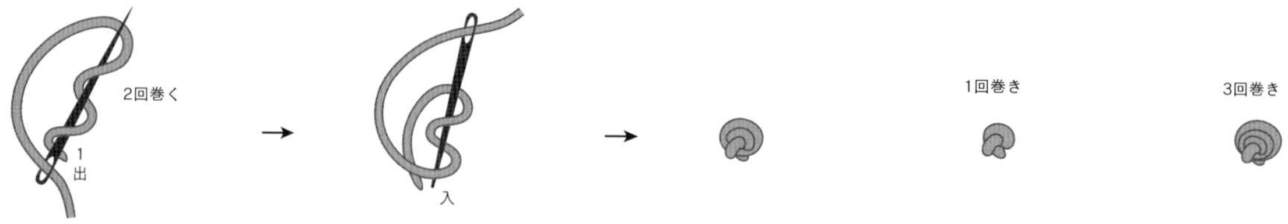

12 Bullion stitch
バリオンステッチ

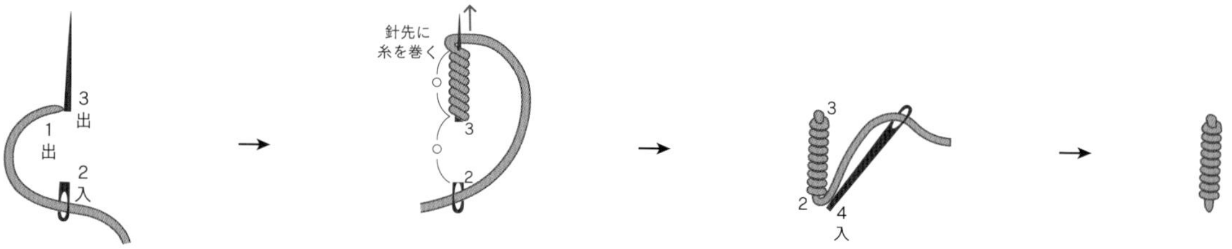

13 Lazy daisy stitch
レゼーデージーステッチ 別名／デージーステッチ、デタッチドチェーンステッチ

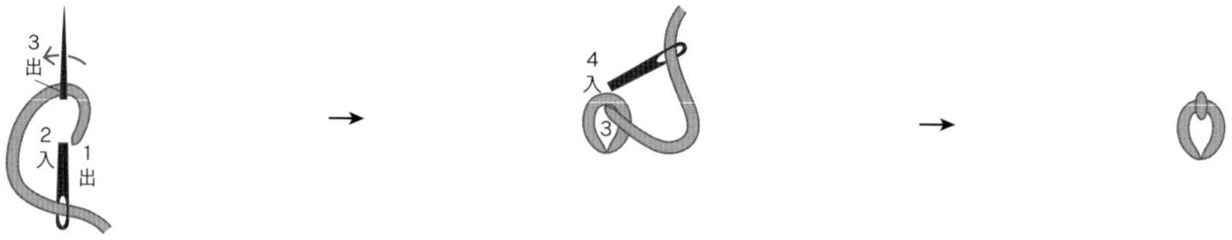

レゼーデージーステッチのアレンジ

レゼーデージーステッチには次の
3つのアレンジがあります。

長いとめ　　内側にストレートステッチを刺す　　上にストレートステッチを刺す

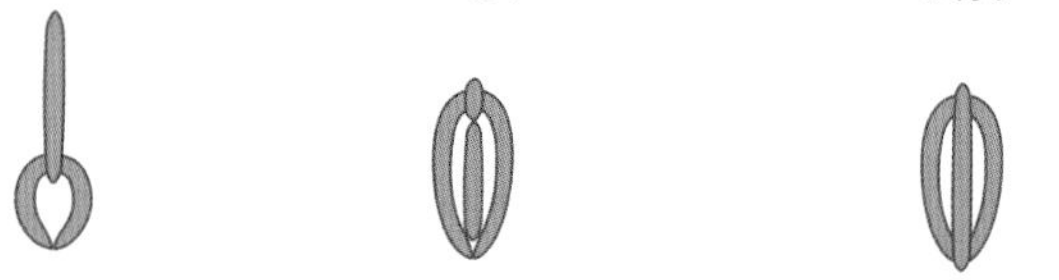

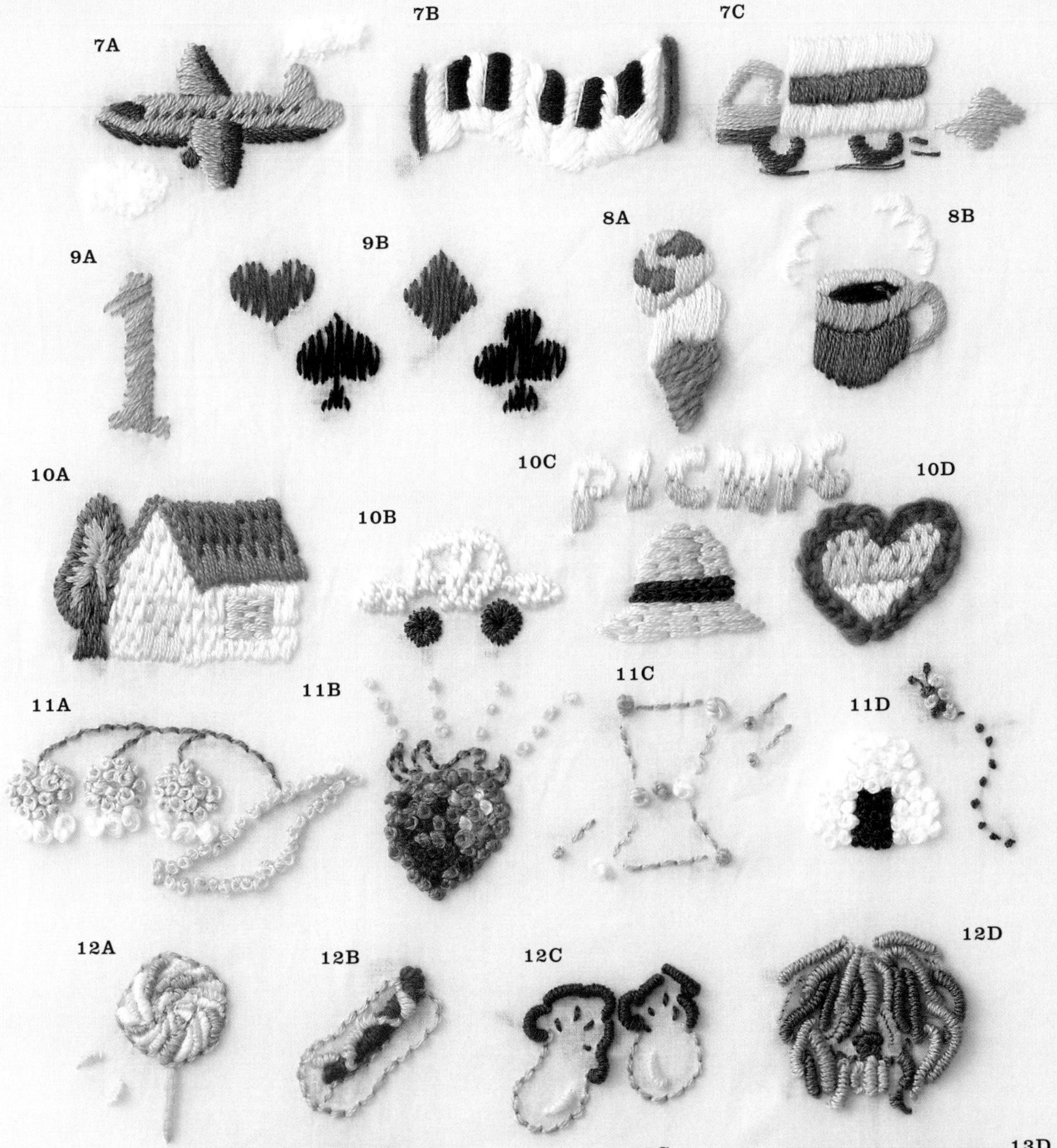

7A-C サテンステッチ（+ ストレートステッチ）／ **8A** パデッドサテンステッチ／ **8B** パデッドサテンステッチ（+ バックステッチ）／
9A-B サーフェイスサテンステッチ／ **10A-B** ロングアンドショートステッチ／ **10C-D** ロングアンドショートステッチ（+ チェーンステッチ）／
11A-D フレンチノットステッチ（+ バックステッチ）／ **12A-D** バリオンステッチ（+ ストレートステッチ、バックステッチ）／
13A レゼーデージーステッチ（+ バックステッチ）／ **13B** レゼーデージーステッチ（+ サテンステッチ、ストレートステッチ、バックステッチ）／
13C レゼーデージーステッチ（+ サテンステッチ）／ **13D** レゼーデージーステッチ（+ サテンステッチ、バックステッチ）

線のステッチ

14 Whipped running stitch
ウィップドランニングステッチ　別名／ツイステッドランニングステッチ

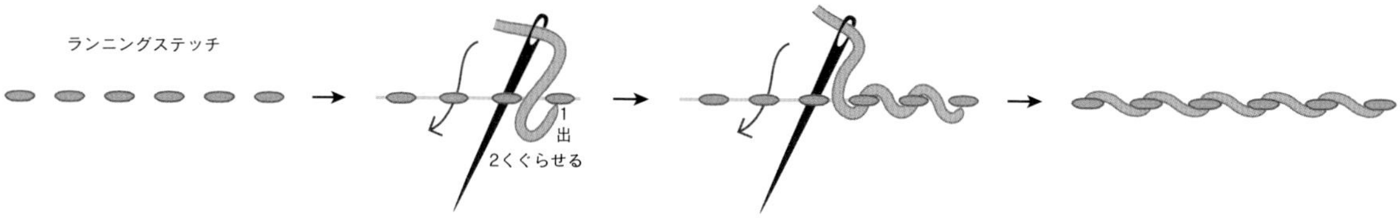

15 Threaded running stitch
スレデッドランニングステッチ　別名／レースドランニングステッチ

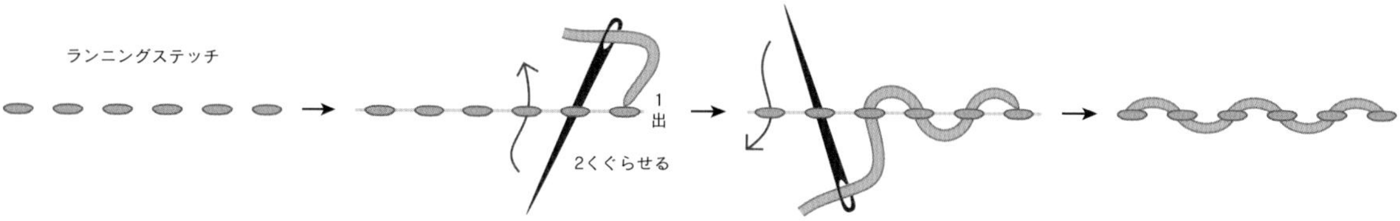

16 Darning stitch
ダーニングステッチ

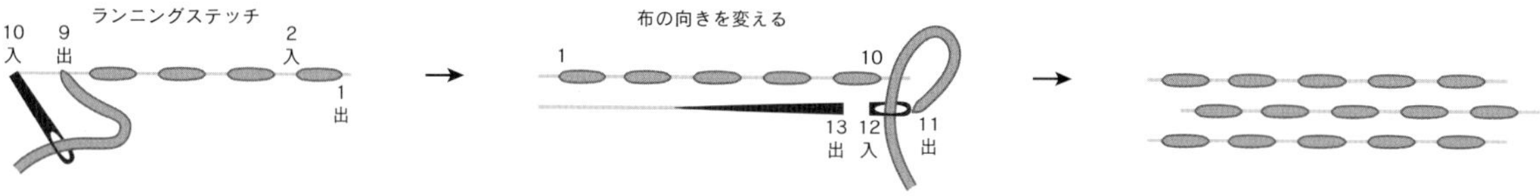

17 Holbein stitch
ホルベインステッチ　別名／ダブルランニングステッチ

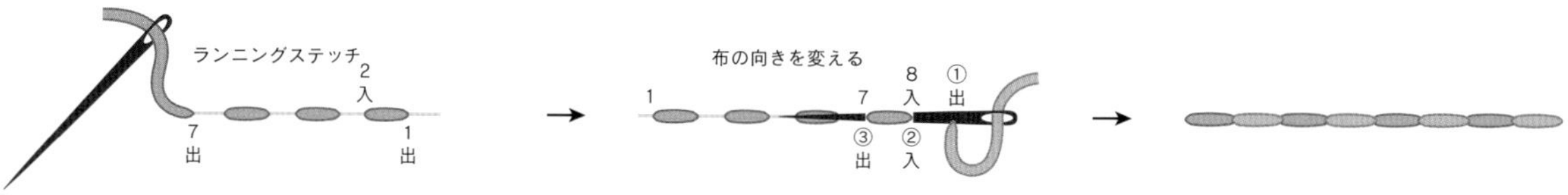

ランニングステッチがベースの４つのステッチ。
それぞれ個性満点の毛並みを表現できます

14 ウィップドランニングステッチ（+ サテンステッチ、バックステッチ）／**15** スレデッドランニングステッチ（+ サテンステッチ、フレンチノットステッチ）／**16**　ダーニングステッチ（+ サテンステッチ、バックステッチ）／**17** ホルベインステッチ（+ バックステッチ、フレンチノットステッチ）

18 Whipped outline stitch

ウィップドアウトラインステッチ　別名／ツイステッドアウトラインステッチ

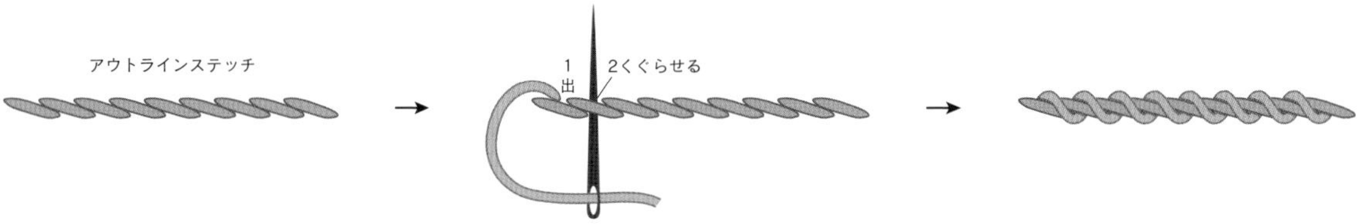

19 Split stitch

スプリットステッチ

I

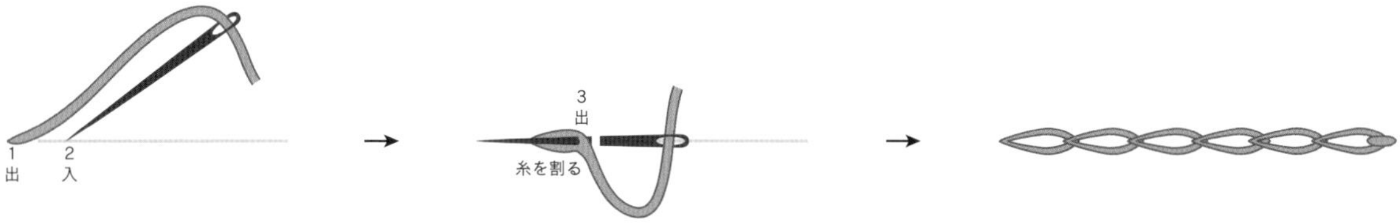

II

20 Alternating stem stitch

オルタネイティングステムステッチ

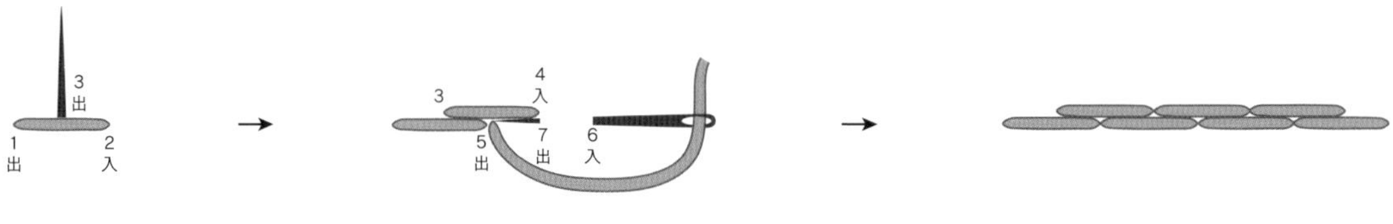

21 Thorn stitch

ソーンステッチ

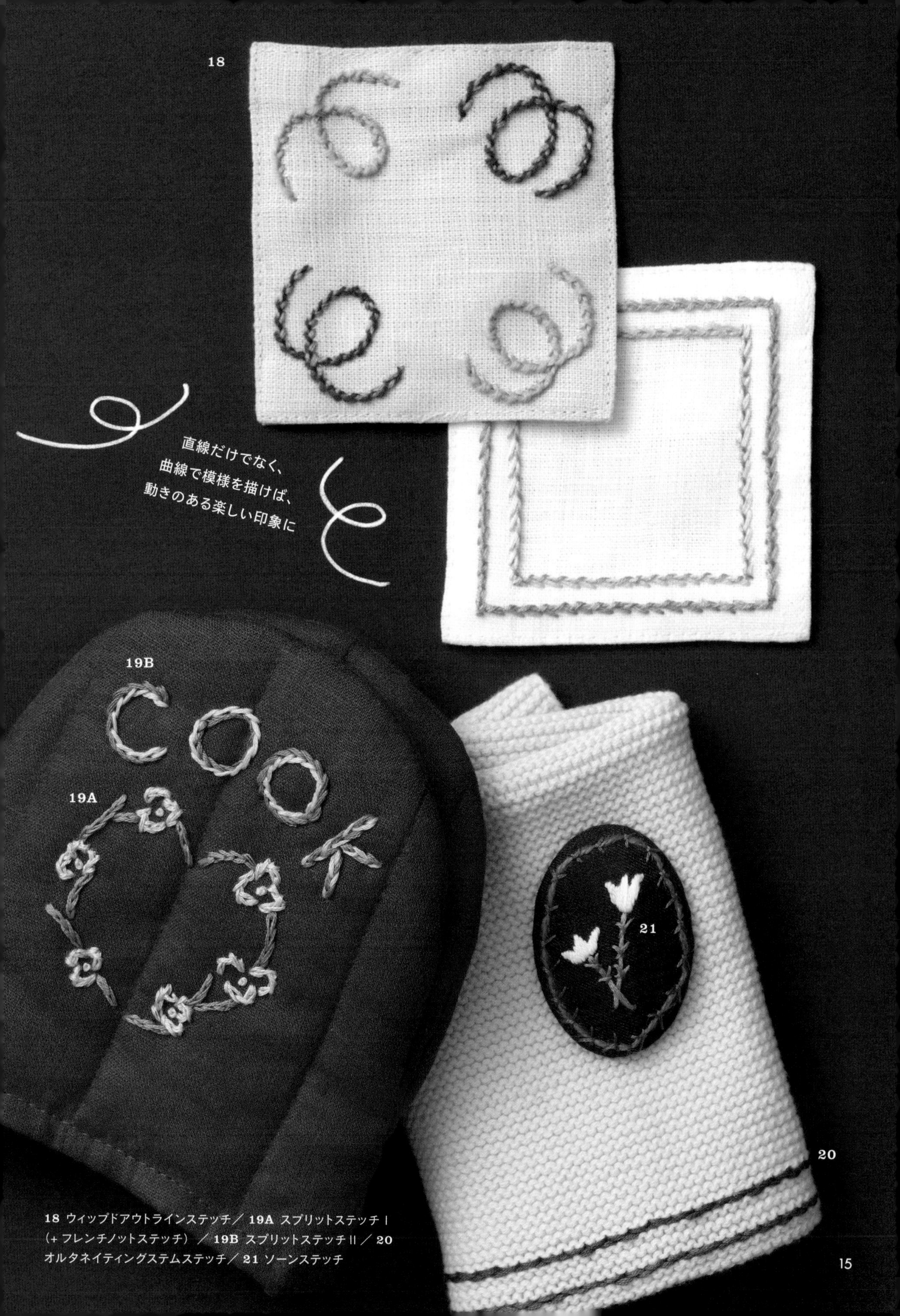

直線だけでなく、
曲線で模様を描けば、
動きのある楽しい印象に

18 ウィップドアウトラインステッチ／ 19A スプリットステッチ I（+ フレンチノットステッチ） ／ 19B スプリットステッチ II ／ 20 オルタネイティングステムステッチ／ 21 ソーンステッチ

22 Seed stitch
シードステッチ

横から見たところ

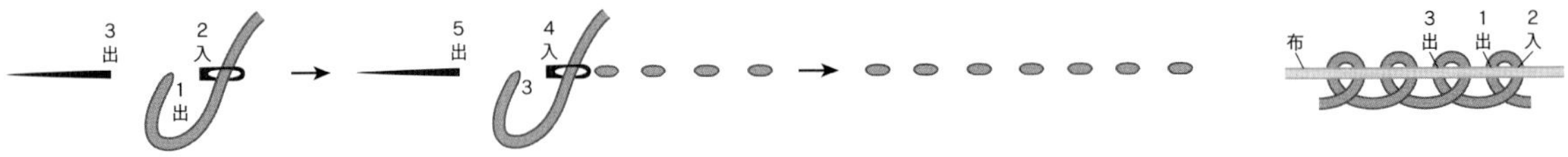

23 Whipped back stitch
ウィップドバックステッチ 別名／ツイステッドバックステッチ

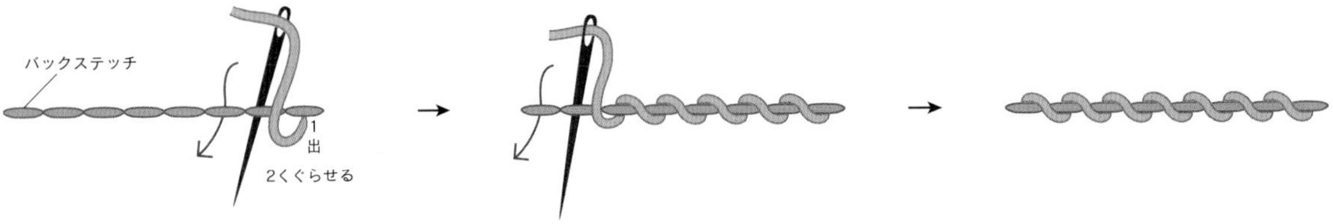

24 Threaded back stitch
スレデッドバックステッチ 別名／レースドバックステッチ

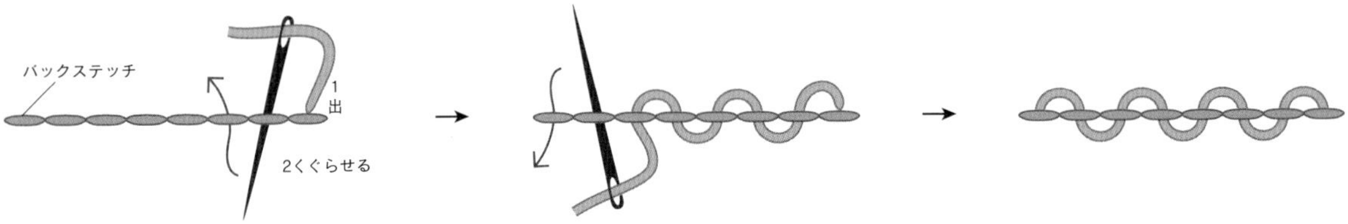

25 Double threaded back stitch
ダブルスレデッドバックステッチ 別名／ダブルレースドバックステッチ

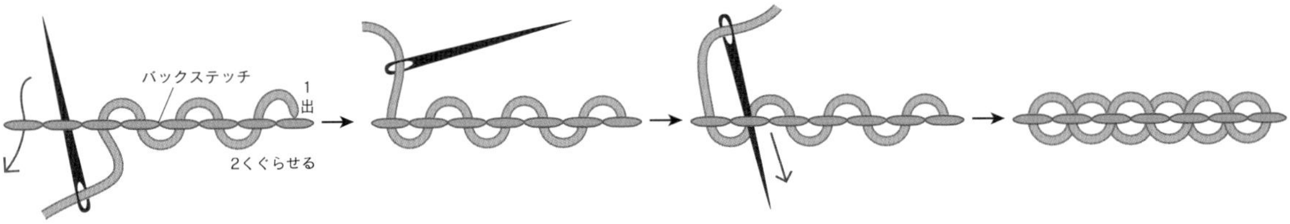

26 Pekinese stitch
ペキニーズステッチ 別名／チャイニーズステッチ、フォービドンステッチ

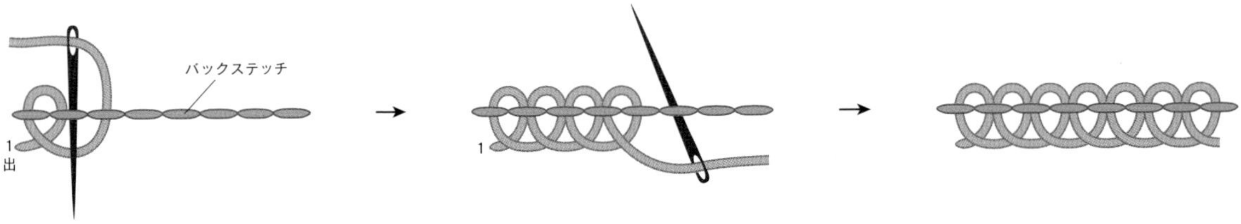

22

23

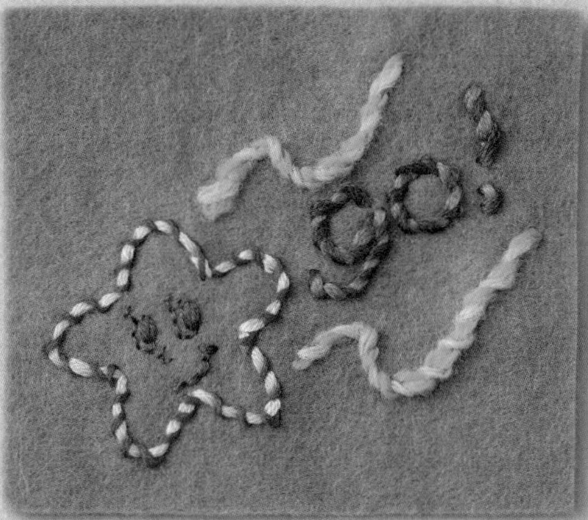

24

26

25

22 シードステッチ（+ バックステッチ）／ 23 ウィップドバックステッチ（+ サテンステッチ、バックステッチ）／ 24 スレデッドバックステッチ（+ バックステッチ）／ 25 ダブルスレデッドバックステッチ（+ バックステッチ、フレンチノットステッチ）／ 26 ペキニーズステッチ（+ サテンステッチ）

27 Zigzag chain stitch
ジグザグチェーンステッチ

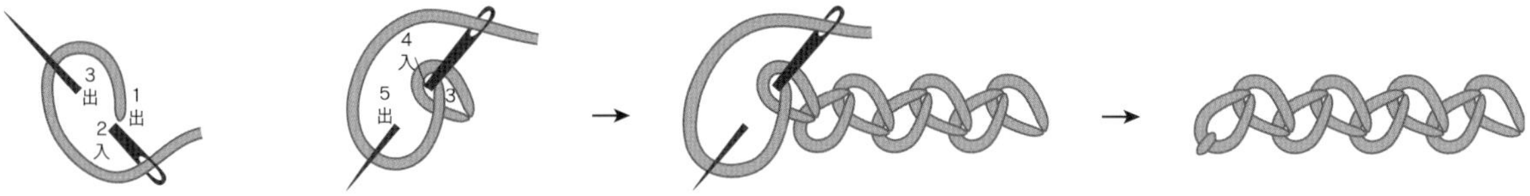

28 Checkered chain stitch
チェッカードチェーンステッチ 別名／ツーカラーチェーンステッチ、マジックチェーンステッチ

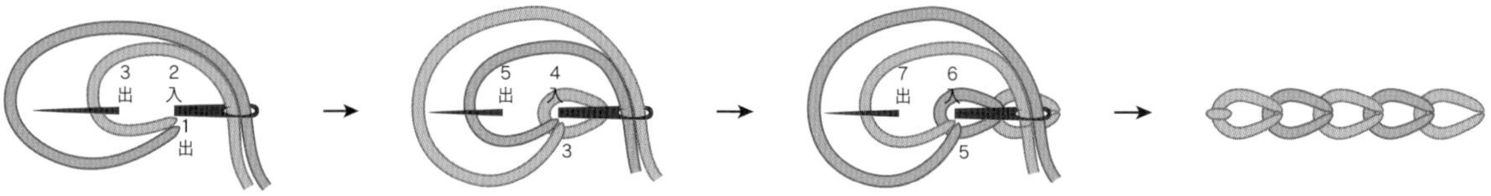

29 Whipped chain stitch
ウィップドチェーンステッチ

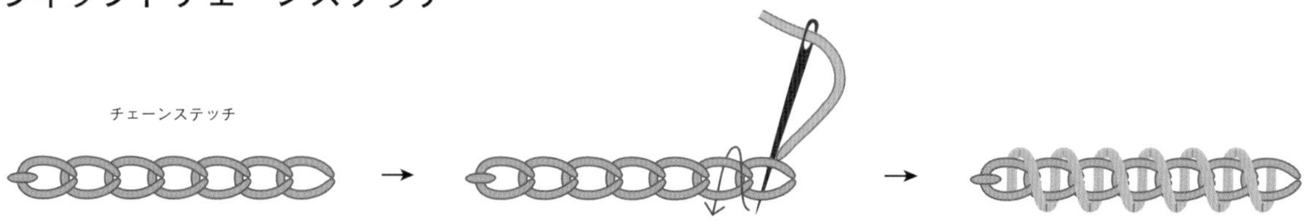

30 Tied chain stitch
タイドチェーンステッチ

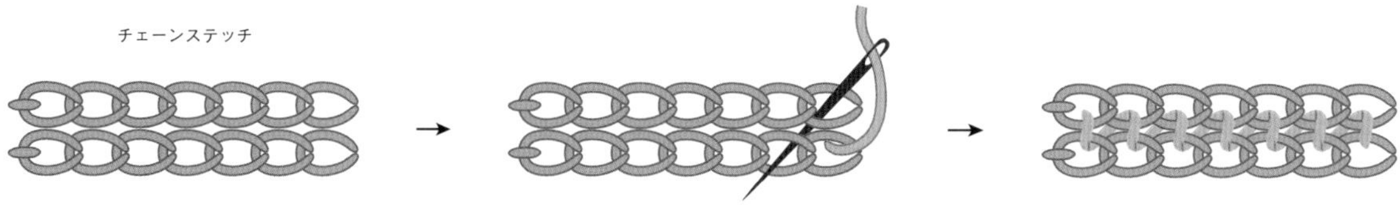

31 Back stitched chain stitch
バックステッチドチェーンステッチ

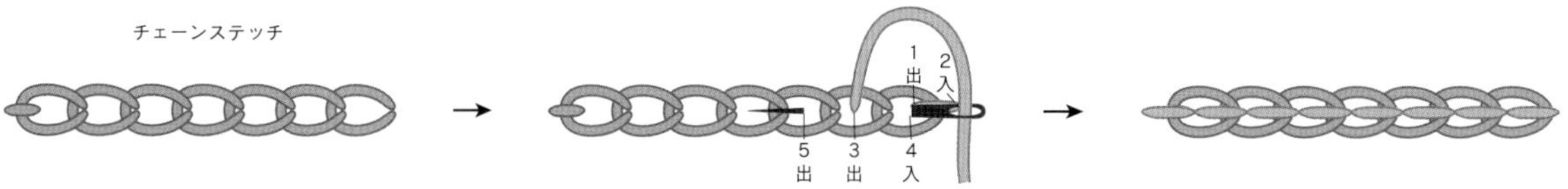

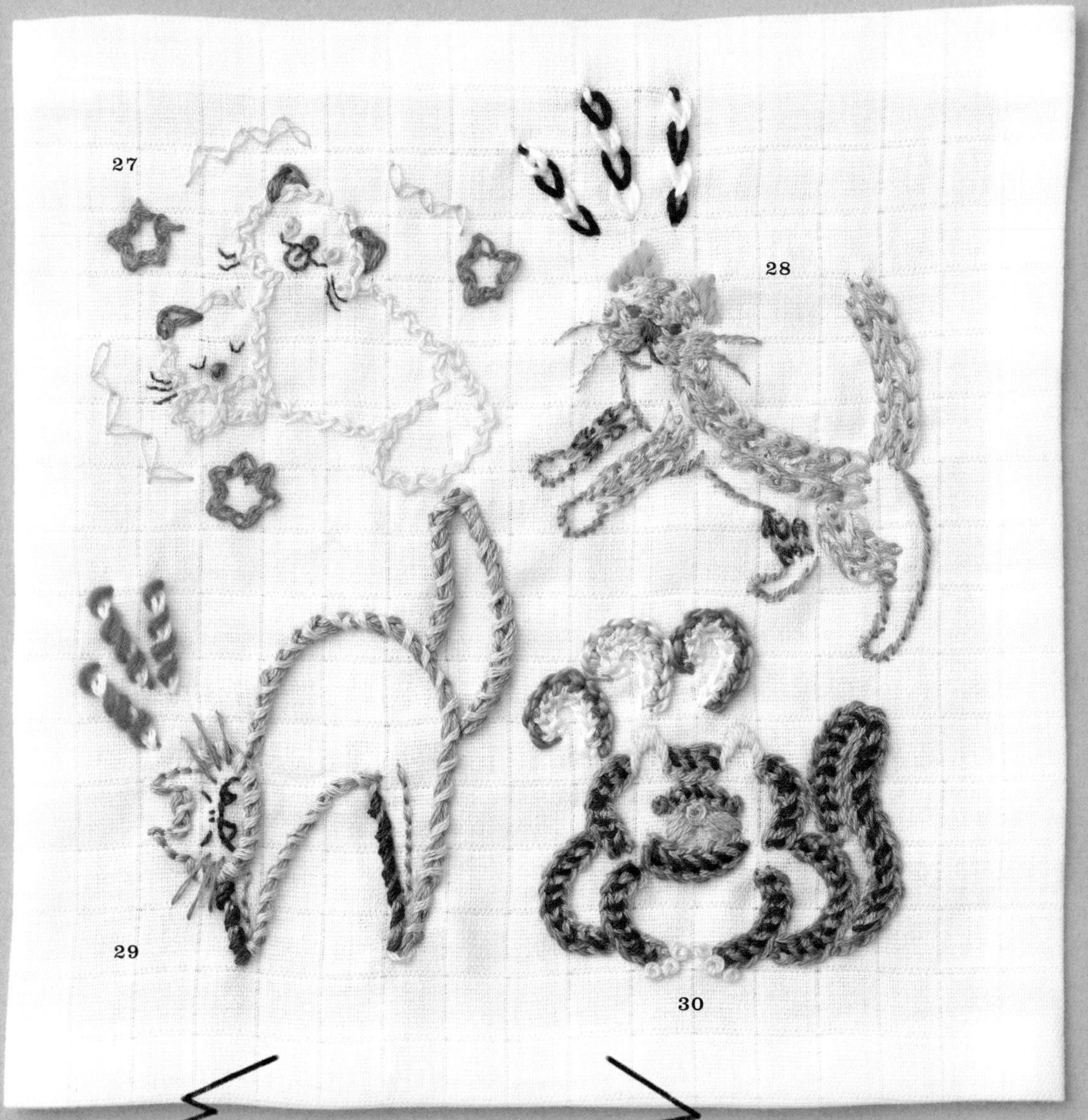

ふわふわ、しましま、プンプン、どっしり……
ステッチの違いでゆかいなねこたちに

31

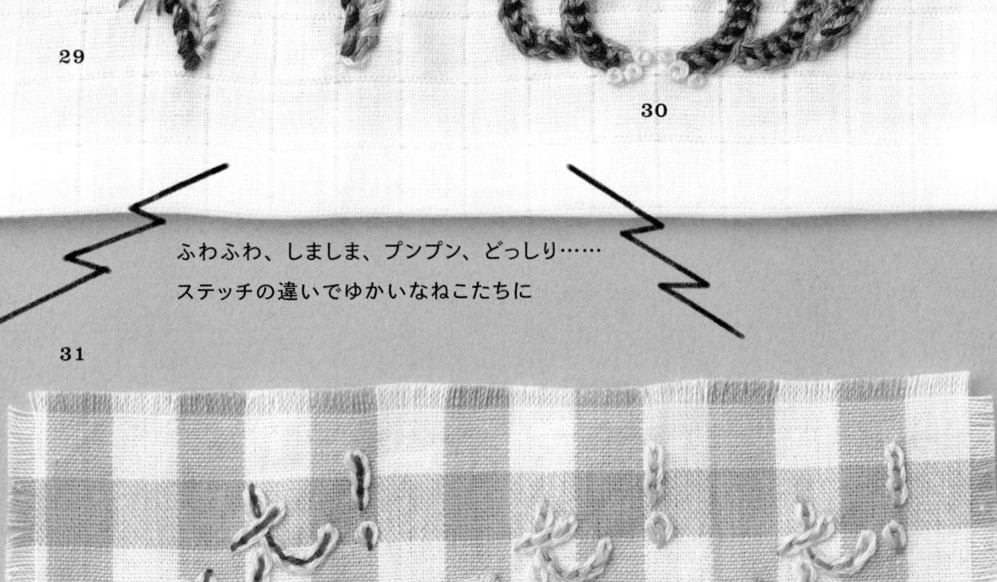

27 ジグザグチェーンステッチ（+ バックステッチ、フレンチノットステッチ）／ **28** チェッカードチェーンステッチ（+ アウトラインステッチ、サテンステッチ）／ **29** ウィップドチェーンステッチ（+ ストレートステッチ、バックステッチ）／ **30** タイドチェーンステッチ（+ サテンステッチ、フレンチノットステッチ）／ **31** バックステッチドチェーンステッチ

32 Open chain stitch

オープンチェーンステッチ 別名／スクエアチェーンステッチ

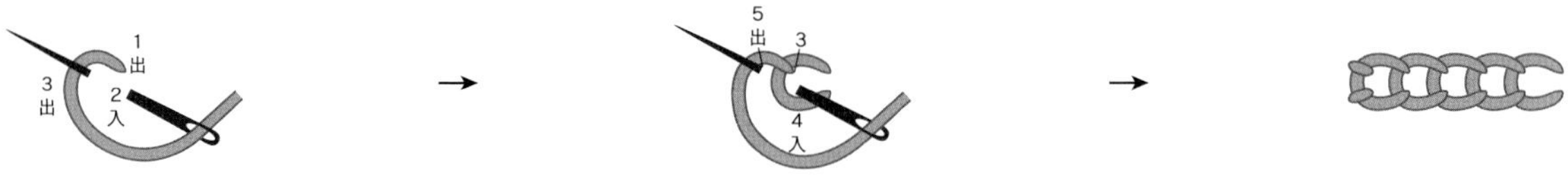

33 Cable chain stitch

ケーブルチェーンステッチ 別名／ナッツダーニングステッチ

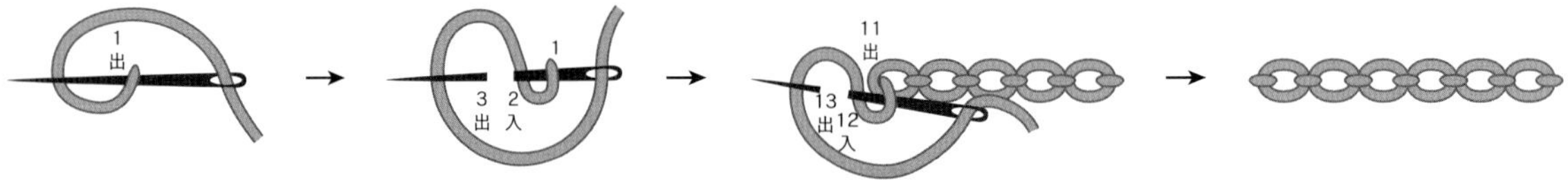

34 Twisted chain stitch

ツイステッドチェーンステッチ 別名／チェーンダーニングステッチ

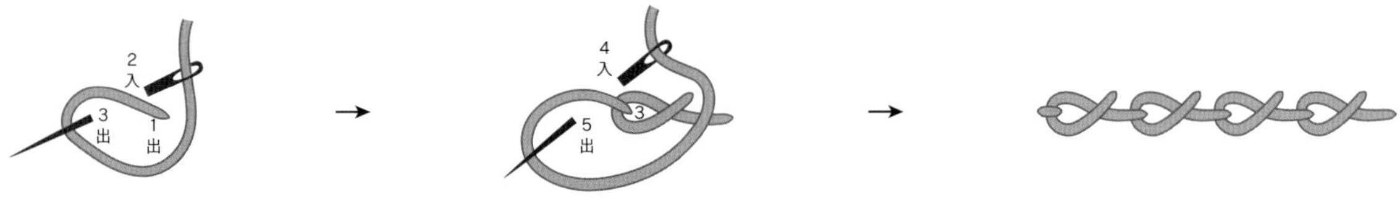

35 Rosette chain stitch

ロゼットチェーンステッチ

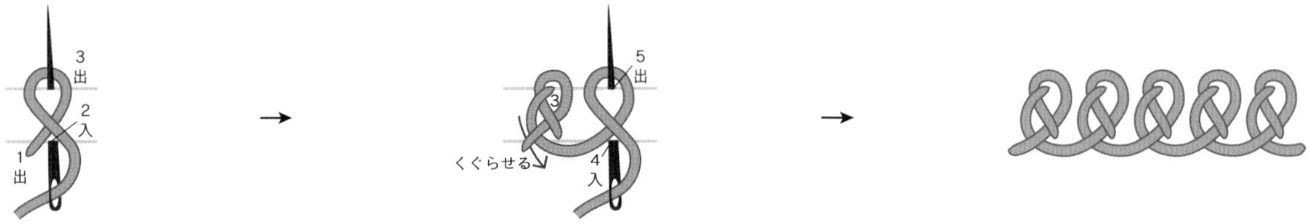

36 Braid stitch

ブレードステッチ

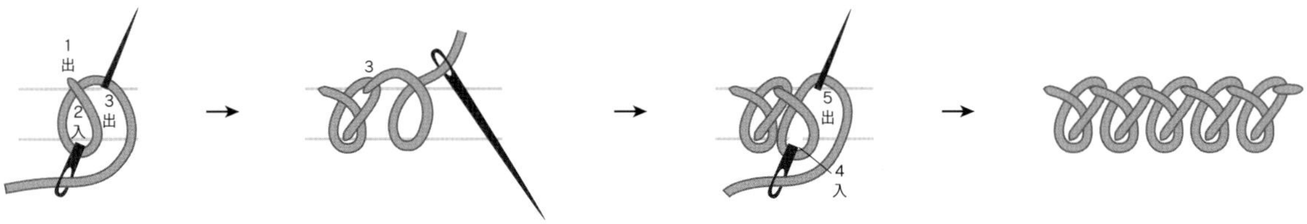

存在感のあるステッチは
プリント柄に重ねてもよく見えます

32

36

34

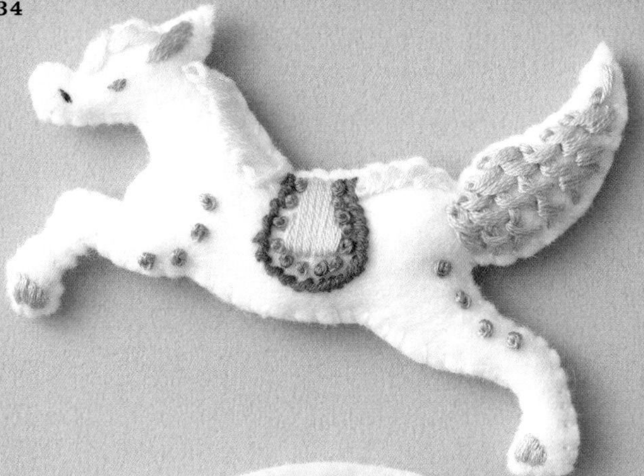

立体感のあるステッチは
プリンセスの長い髪も
素敵に描けます

35

33

32 オープンチェーンステッチ／ **33** ケーブルチェーンステッチ／ **34** ツイステッドチェーンステッチ（+ サテンステッチ、フレンチノットステッチ）／ **35** ロゼットチェーンステッチ（+ サテンステッチ、バックステッチ）／ **36** ブレードステッチ（+ サテンステッチ、フレンチノットステッチ）

37 Fly stitch

フライステッチ　別名／オープンレゼーデージーステッチ、Y ステッチ

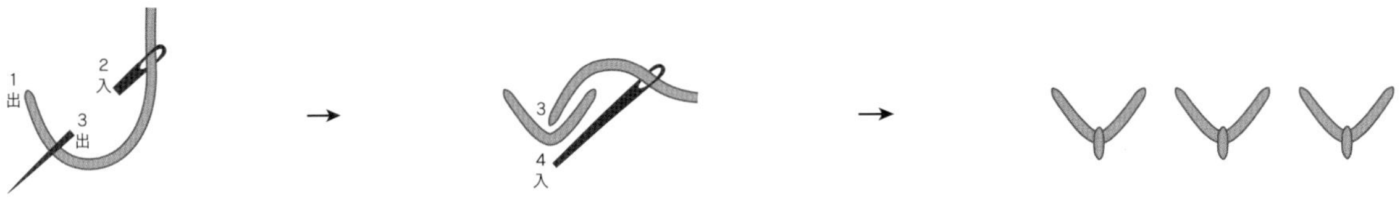

38 Plaited fly stitch

プレイテッドフライステッチ

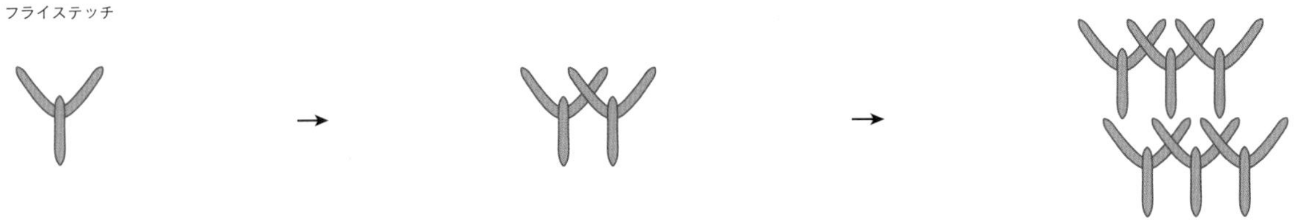

39 Double fly stitch

ダブルフライステッチ

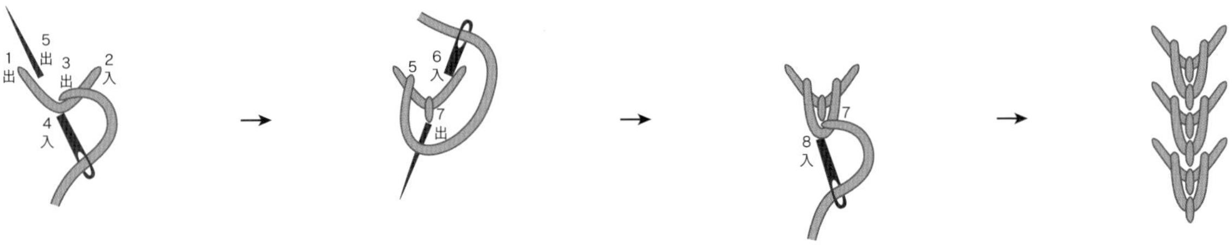

40 Varied fly stitch

バリッドフライステッチ

41 Feather stitch

フェザーステッチ

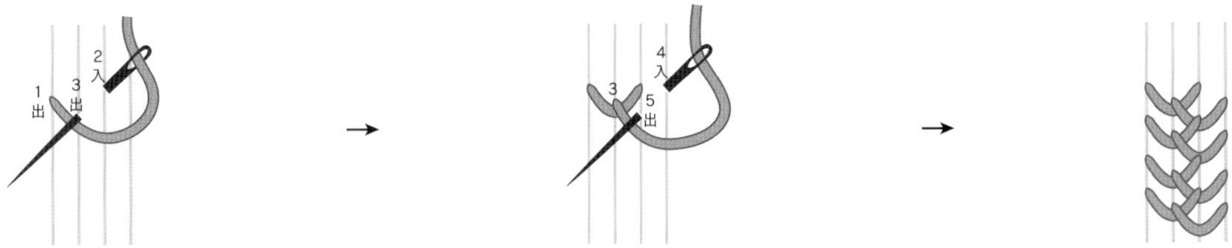

形が特徴的なステッチを
連続で刺して
フレーム刺繍をたのしんで

37

38

40

39

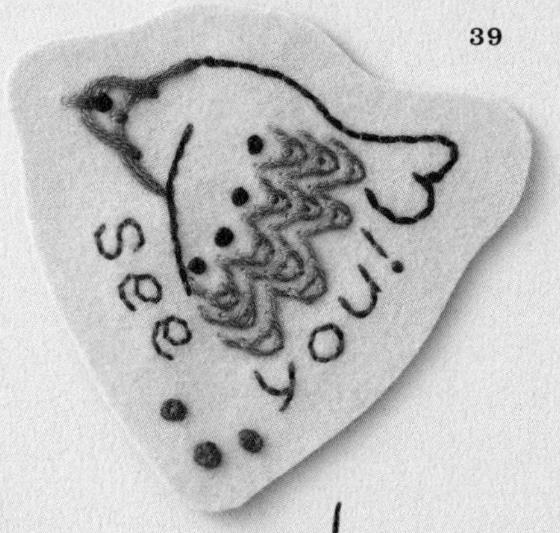

41

37 フライステッチ（+ サテンステッチ、フレンチノットステッチ）／ **38** プレイテッドフライステッチ（+ サテンステッチ、フレンチノットステッチ）／ **39** ダブルフライステッチ（+ バックステッチ、フレンチノットステッチ）／ **40** バリッドフライステッチ（+ バックステッチ）／ **41** フェザーステッチ（+ サテンステッチ、フレンチノットステッチ）

42 Single feather stitch
シングルフェザーステッチ

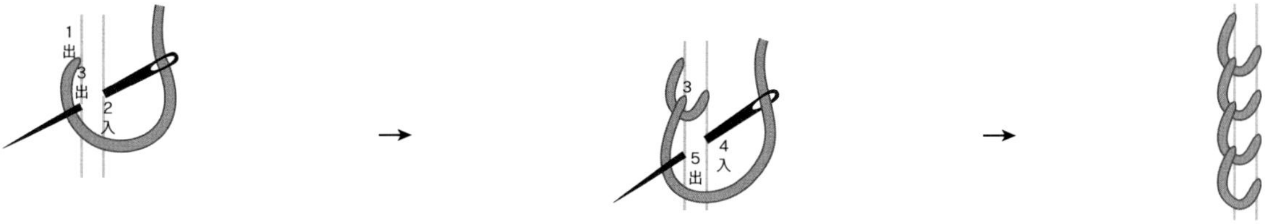

43 Double feather stitch
ダブルフェザーステッチ

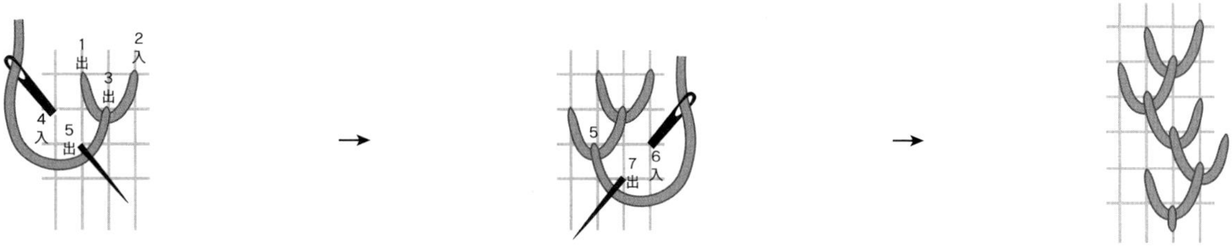

44 Treble feather stitch
トレブルフェザーステッチ

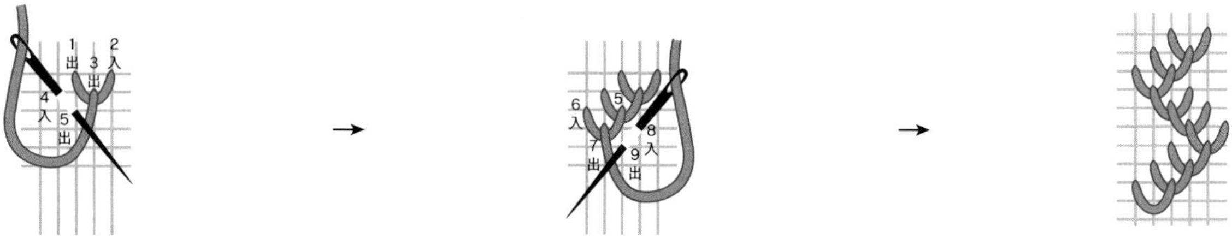

45 Knotted feather stitch
ノッテッドフェザーステッチ

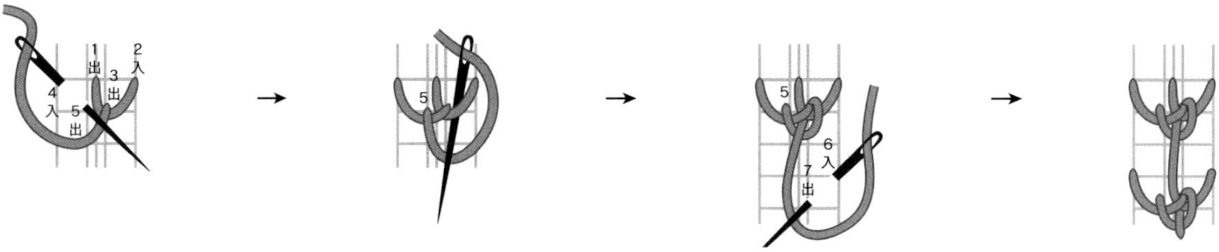

46 Long armed feather stitch
ロングアームドフェザーステッチ

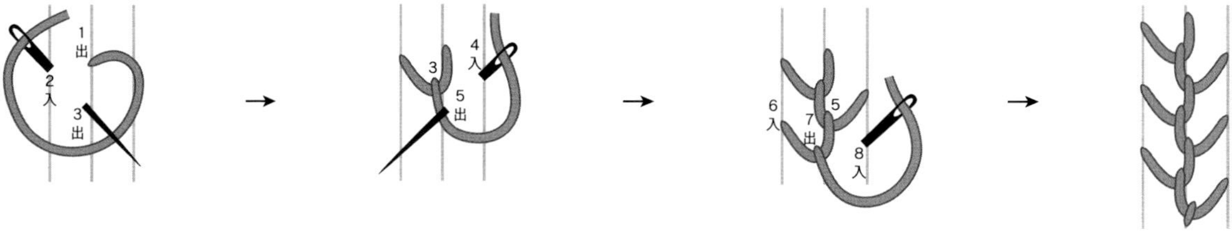

ステッチの
特徴を活かして
お絵かき刺繍

フェザーステッチの
仲間で
海の中を表現

42 シングルフェザーステッチ（+ サテンステッチ、バックステッチ）／ 43 ダブルフェザーステッチ（+ フレンチノットステッチ、ランニングステッチ）／ 44 トレブルフェザーステッチ（+ バックステッチ）／ 45 ノッテッドフェザーステッチ（+ サテンステッチ、フレンチノットステッチ）／ 46 ロングアームドフェザーステッチ（+ バックステッチ、フレンチノットステッチ）

47 Closed feather stitch
クローズドフェザーステッチ

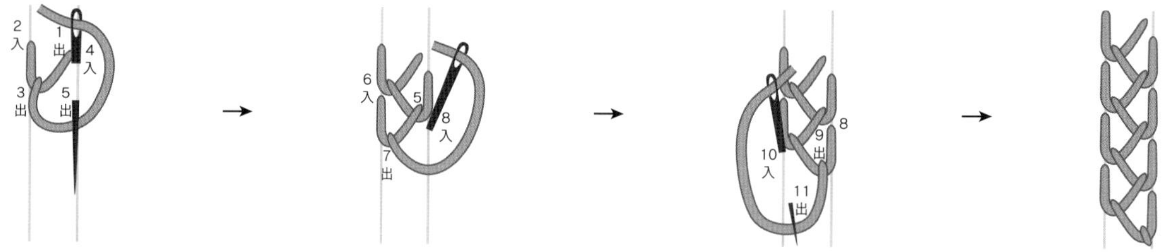

48 Cretan stitch
クレタンステッチ

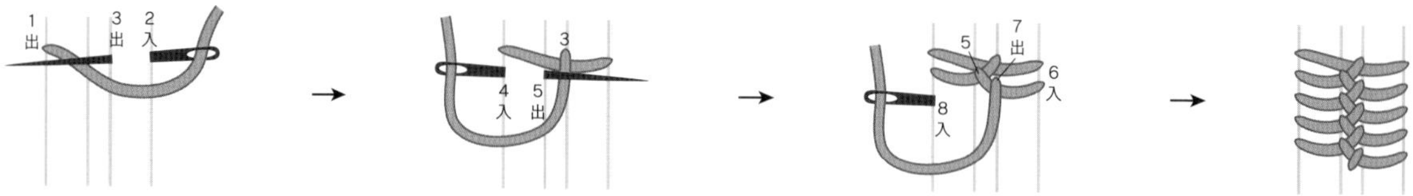

49 Open cretan stitch
オープンクレタンステッチ

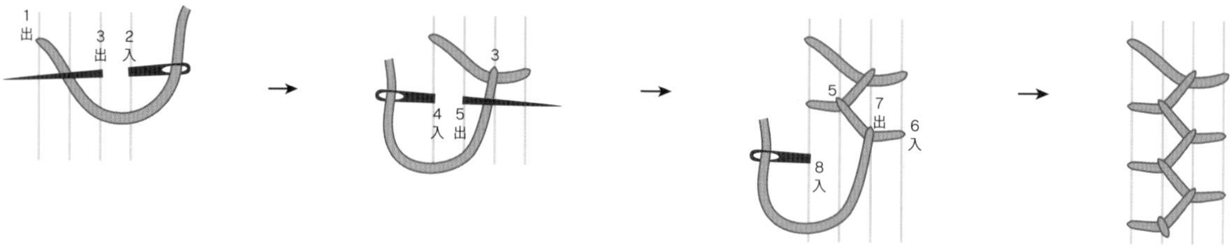

50 Blanket stitch
ブランケットステッチ 別名／ボタンホールステッチ

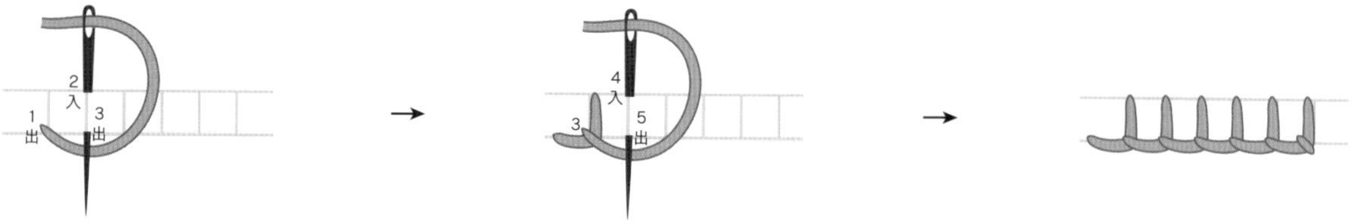

51 Whipped blanket stitch
ウィップドブランケットステッチ

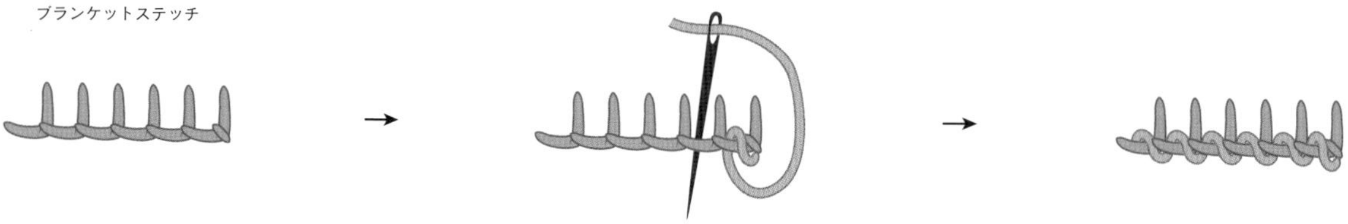

47

48

49

花びら、茎、葉……
ステッチの形のおもしろさが
そのままモチーフの魅力に

50

51

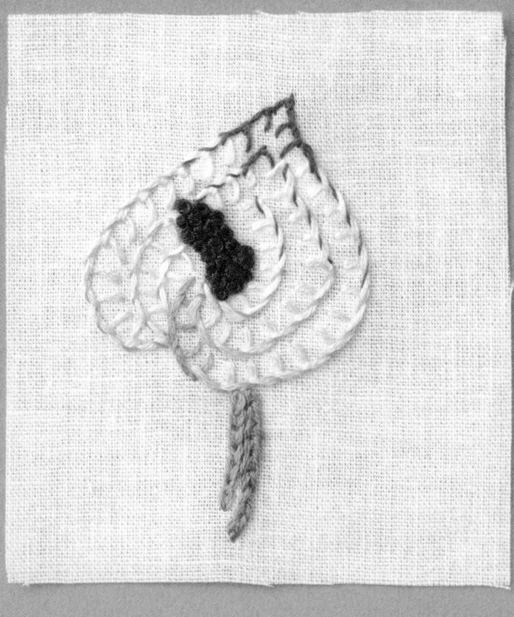

47 クローズドフェザーステッチ（+ ストレートステッチ、フレンチノットステッチ）／ **48** クレタンステッチ／ **49** オープンクレタンステッチ（+ サテンステッチ、バックステッチ）／ **50** ブランケットステッチ（+ サテンステッチ、ストレートステッチ）／ **51** ウィップドブランケットステッチ（+ チェーンステッチ、フレンチノットステッチ）

52 Closed blanket stitch

クローズドブランケットステッチ　別名／クローズドボタンホールステッチ

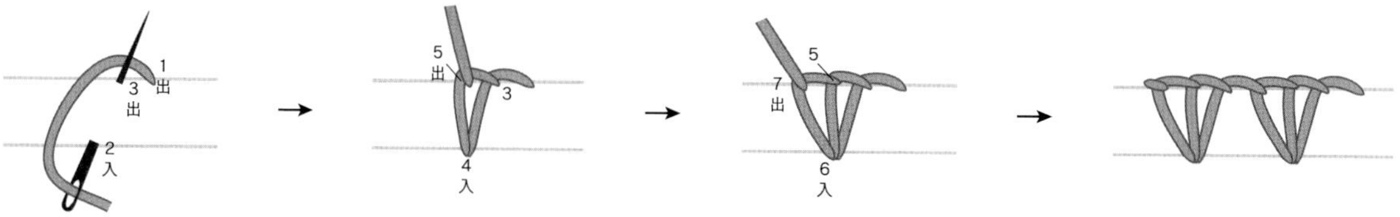

53 Buttonhole wheel stitch

ボタンホールホイールステッチ

54 Double buttonhole stitch

ダブルボタンホールステッチ

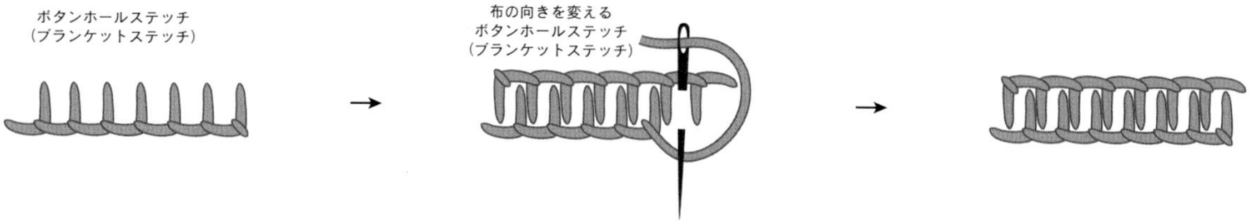

55 Tailored buttonhole stitch

テイラードボタンホールステッチ

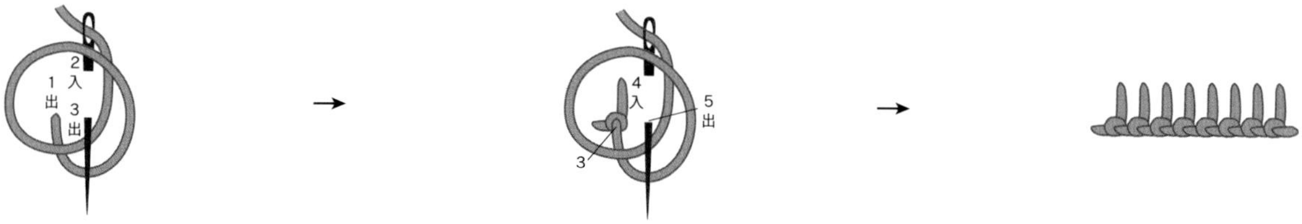

56 Chevron stitch

シェブロンステッチ

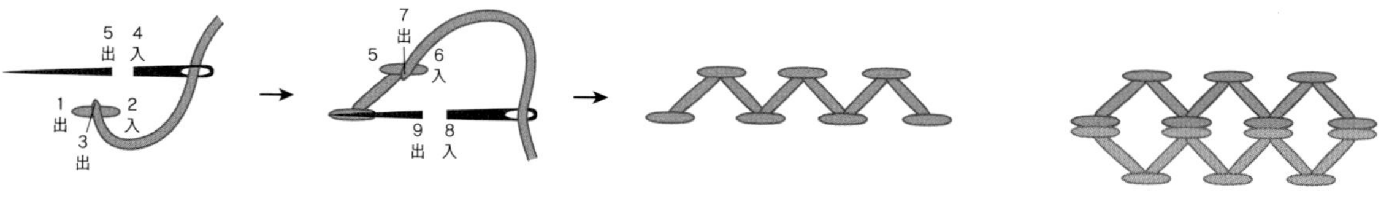

52

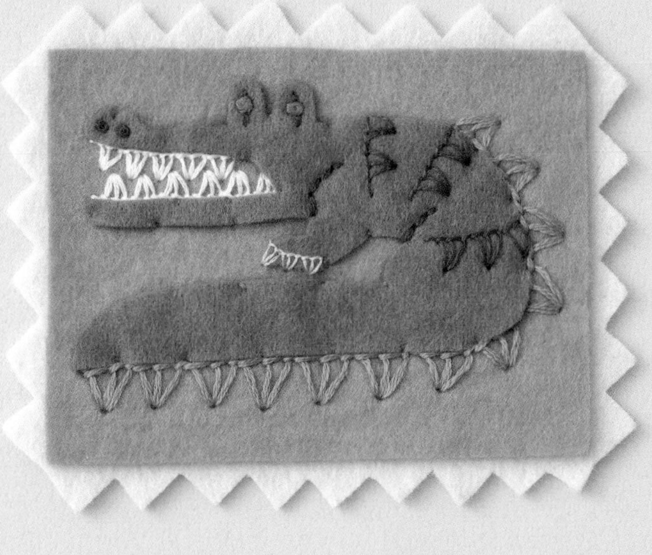

53

54

56

55

52 クローズドブランケットステッチ（+ バックステッチ、フレンチノットステッチ）／**53** ボタンホールホイールステッチ（+ ストレートステッチ、バックステッチ）／**54** ダブルボタンホールステッチ（+ ストレートステッチ、フレンチノットステッチ）／**55** テイラードボタンホールステッチ（+ サテンステッチ、バックステッチ）／**56** シェブロンステッチ（+ サテンステッチ、ストレートステッチ）

57 Herringbone stitch
ヘリンボーンステッチ

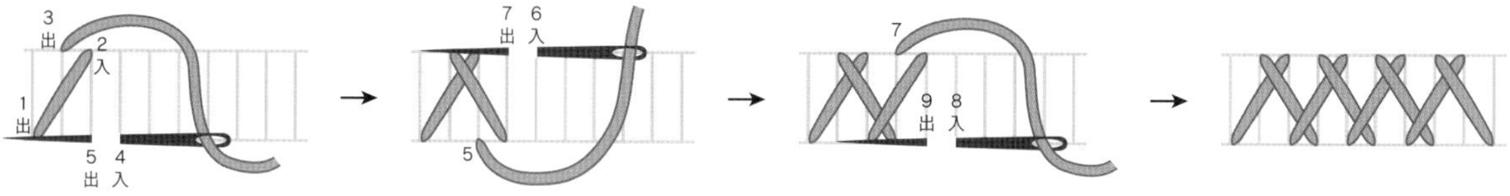

58 Closed herringbone stitch
クローズドヘリンボーンステッチ

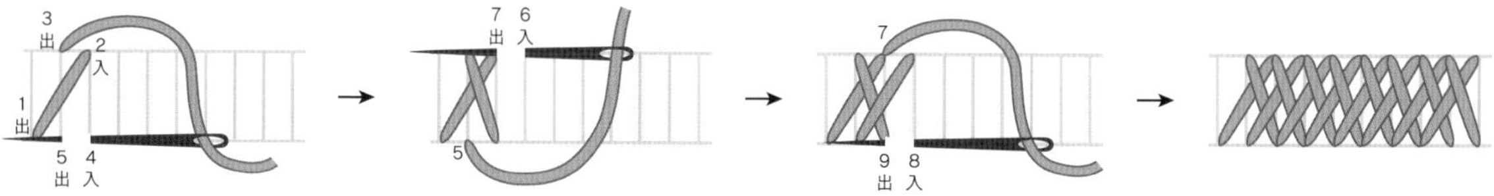

59 Threaded herringbone stitch
スレデッドヘリンボーンステッチ 別名／レースドヘリンボーンステッチ

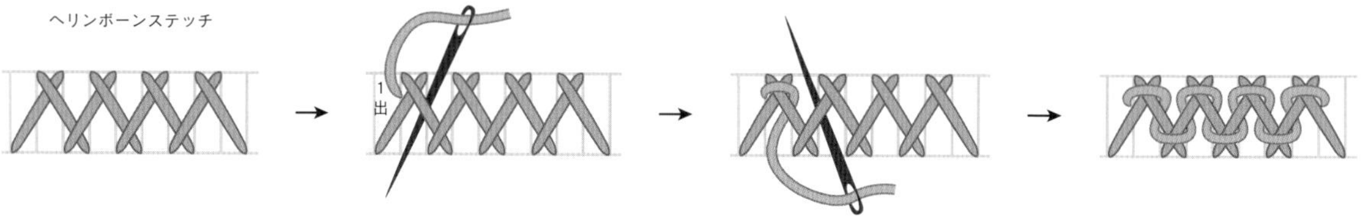

60 Double herringbone stitch
ダブルヘリンボーンステッチ

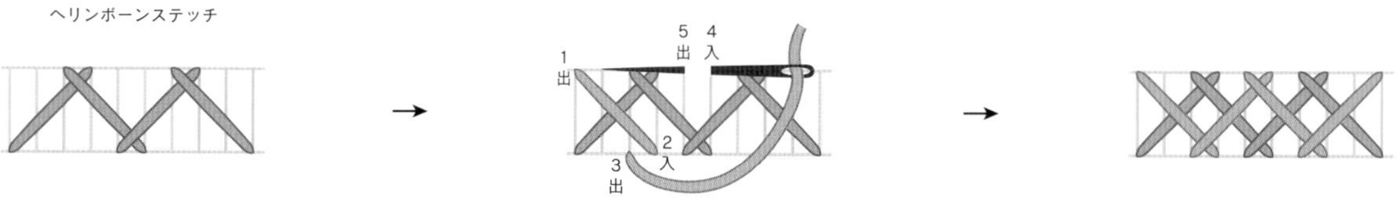

61 Herringbone ladder stitch
ヘリンボーンラダーステッチ

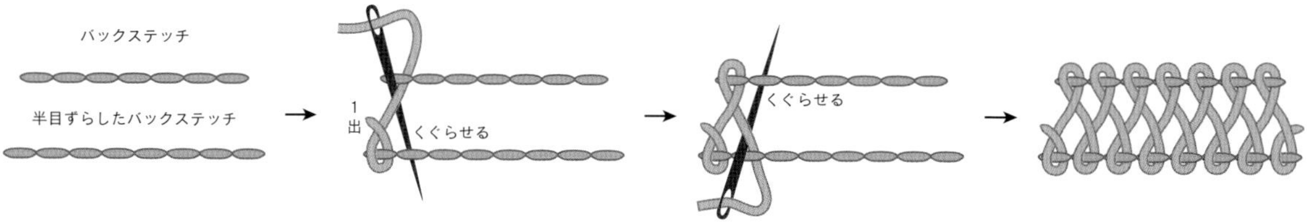

57 ヘリンボーンステッチ(+ サテンステッチ、ストレートステッチ、チェーンステッチ)／**58** クローズドヘリンボーンステッチ(+ フレンチノットステッチ)／**59** スレデッドヘリンボーンステッチ（+ サテンステッチ、フレンチノットステッチ）／**60** ダブルヘリンボーンステッチ（+ サテンステッチ）／**61** ヘリンボーンラダーステッチ（+ チェーンステッチ、ロングアンドショートステッチ）

面のステッチ

62 Leaf stitch
リーフステッチ

I

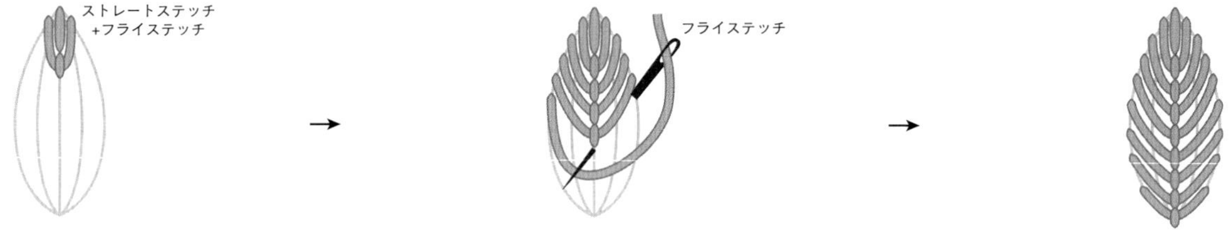

II

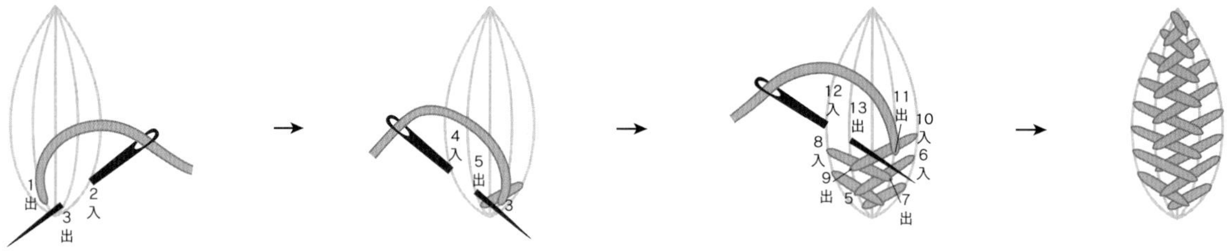

63 Self padded leaf stitch
セルフパッデッドリーフステッチ

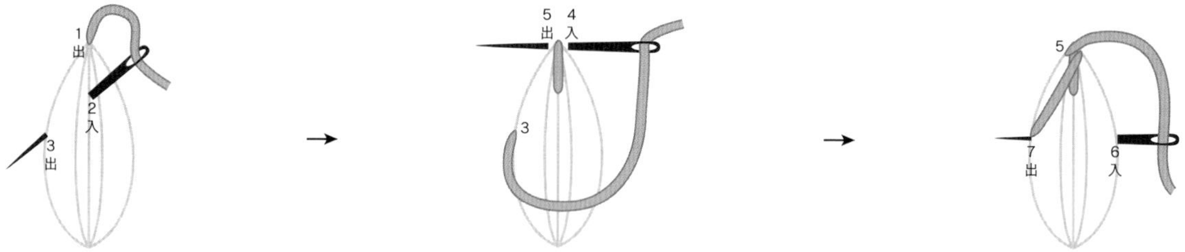

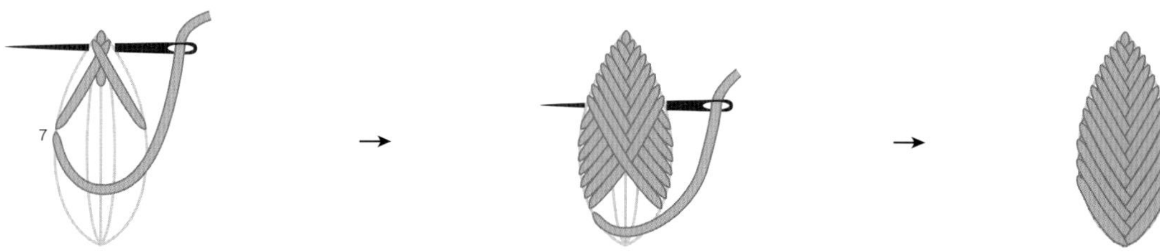

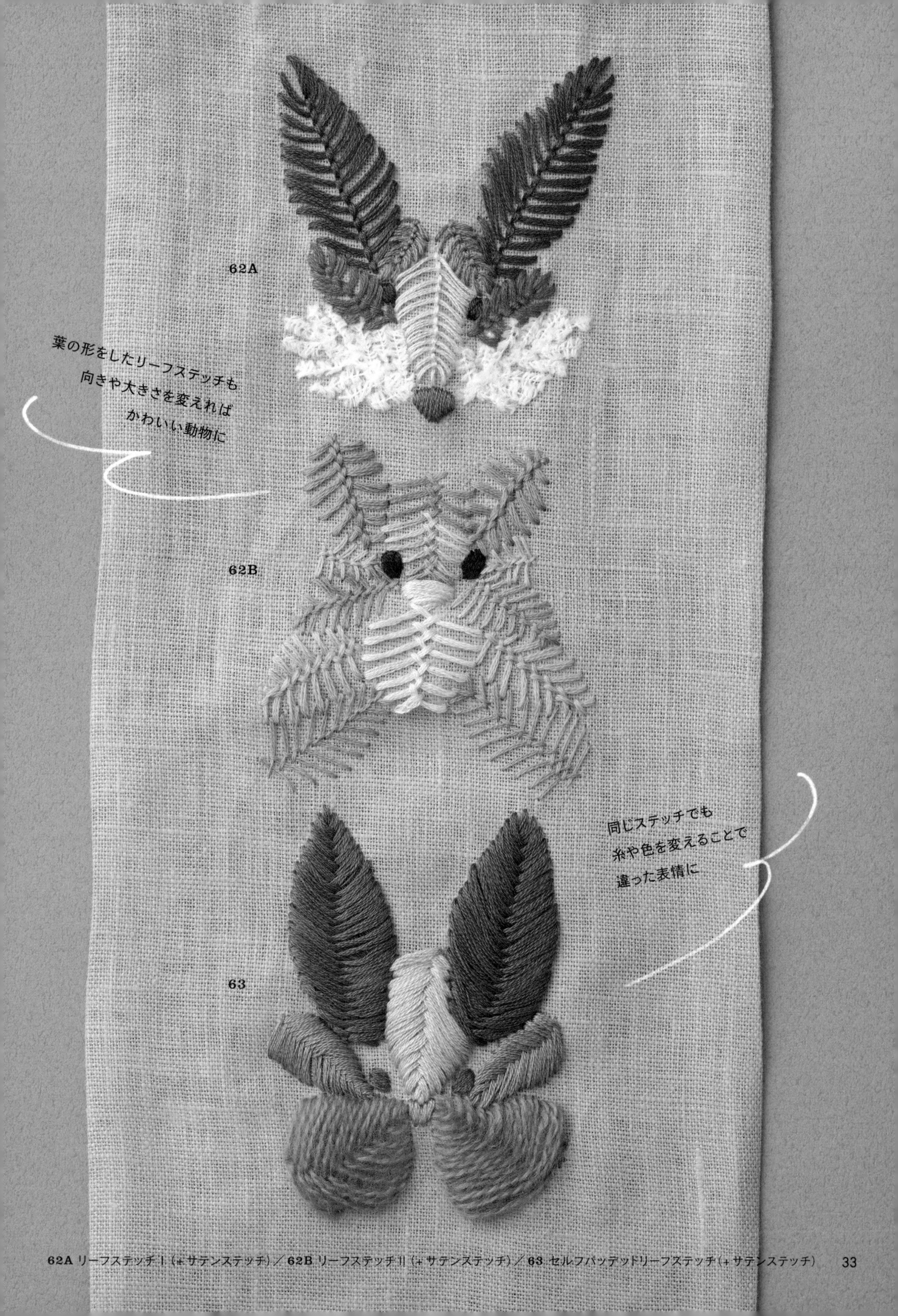

62A
葉の形をしたリーフステッチも
向きや大きさを変えれば
かわいい動物に
62B
同じステッチでも
糸や色を変えることで
違った表情に
63

62A リーフステッチⅠ（+サテンステッチ）／62B リーフステッチⅡ（+サテンステッチ）／63 セルフパッデッドリーフステッチ（+サテンステッチ）

64 Fern stitch

ファーンステッチ

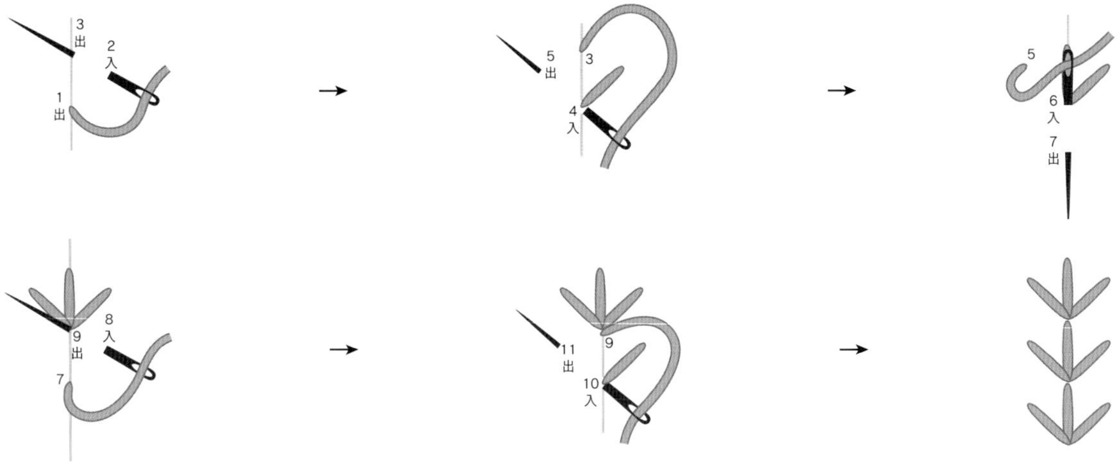

65 Fishbone stitch

フィッシュボーンステッチ

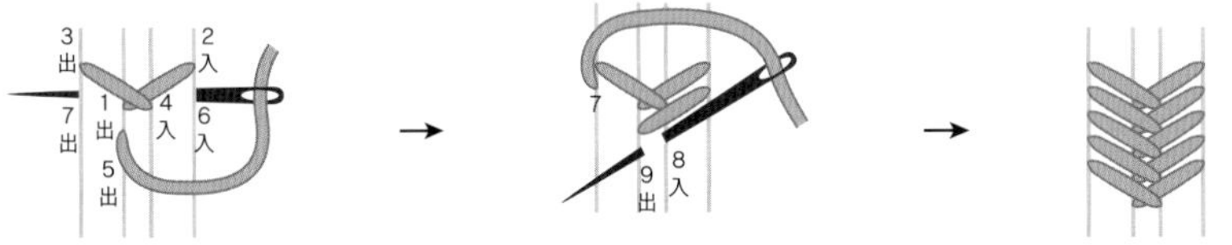

バリエーション

ストレートステッチ+
フィッシュボーンステッチ

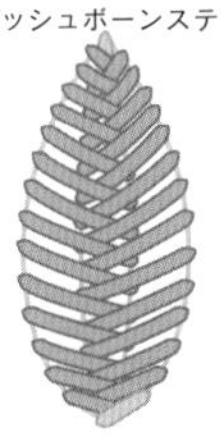

66 Raised fishbone stitch

レイズドフィッシュボーンステッチ

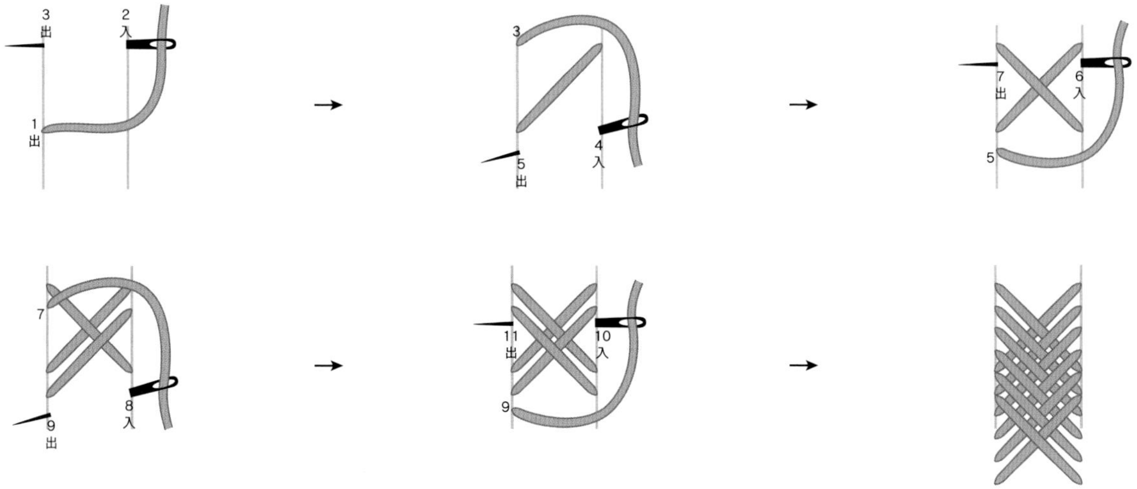

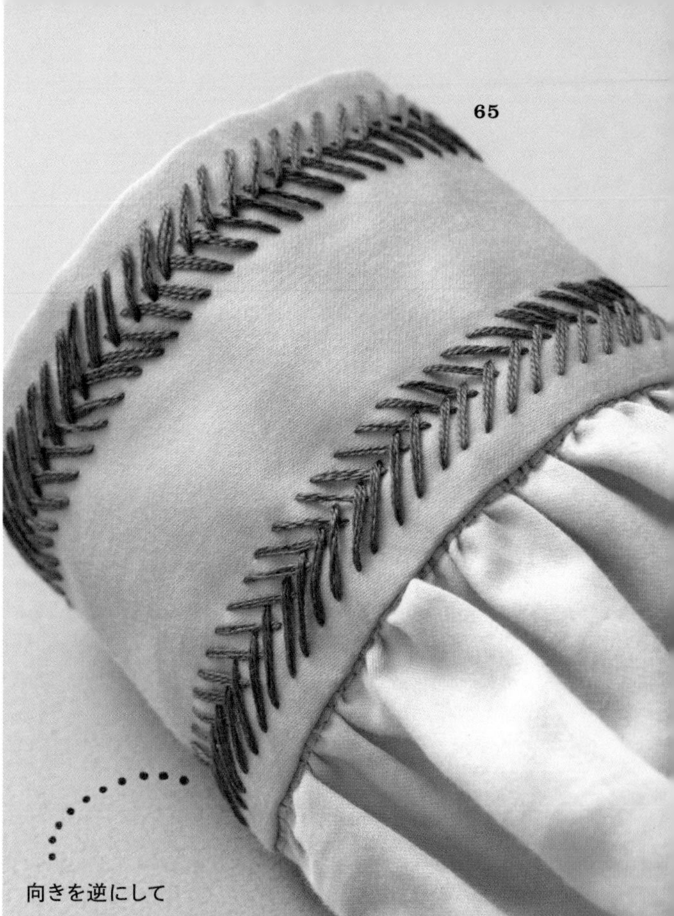

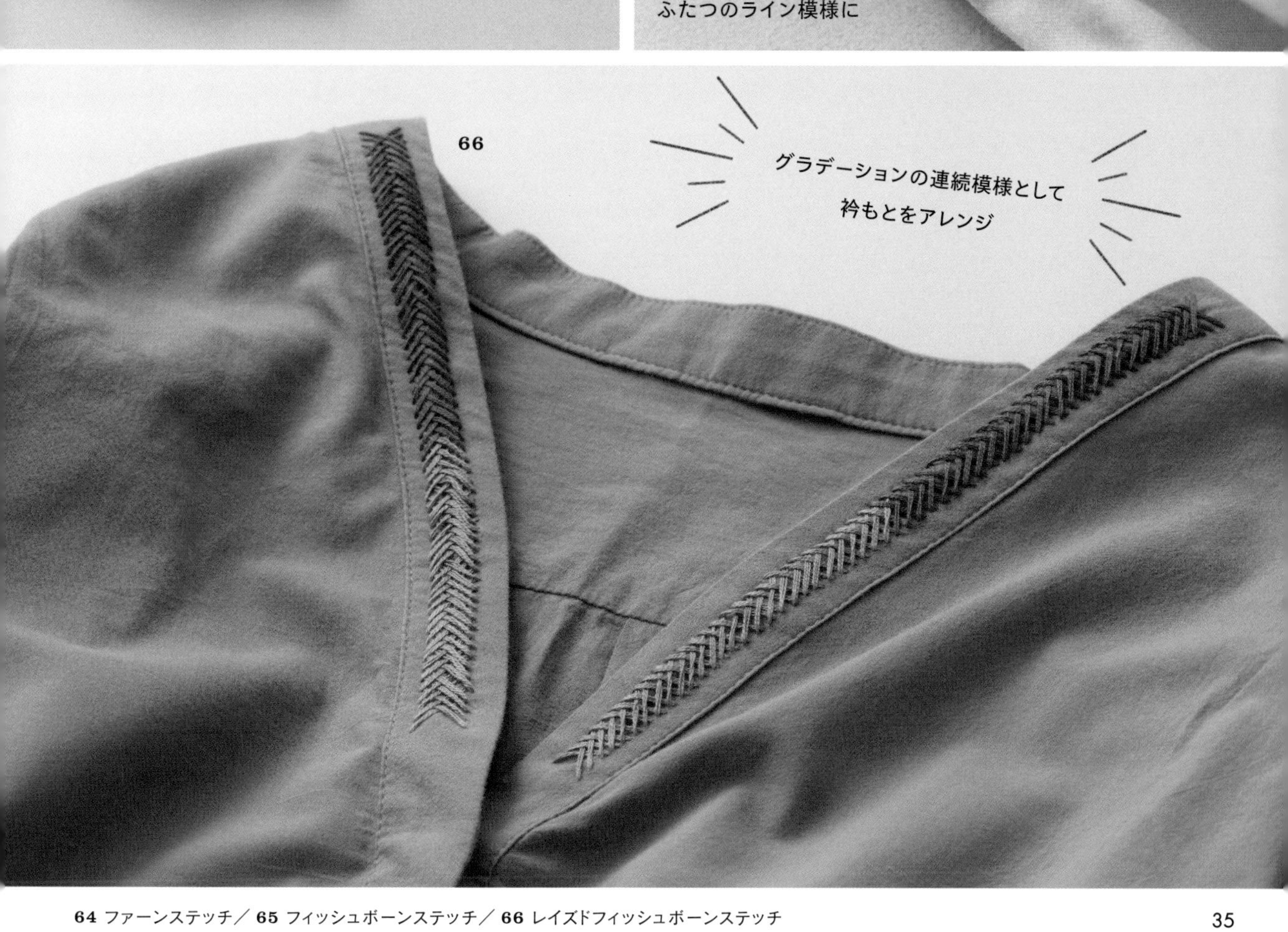

64 ファーンステッチ／**65** フィッシュボーンステッチ／**66** レイズドフィッシュボーンステッチ

67 Seeding stitch

シーディングステッチ

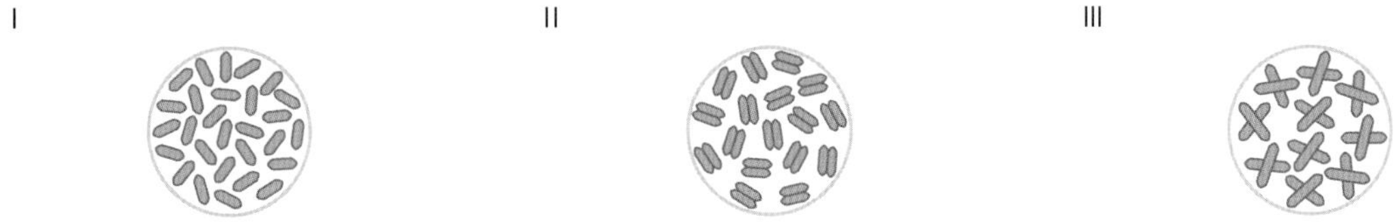

68 Zigzag stitch

ジグザグステッチ

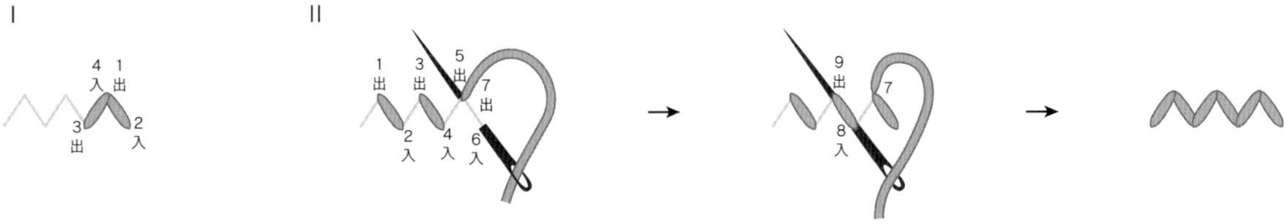

69 Spoke stitch

スポークステッチ

70 Bundle stitch

バンドルステッチ

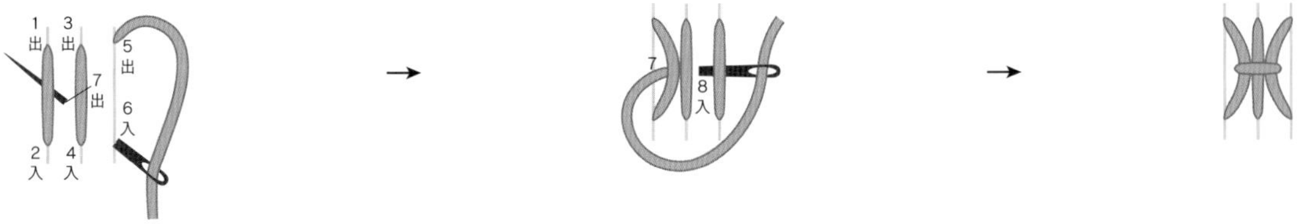

71 Rambler rose stitch

ランブラーローズステッチ

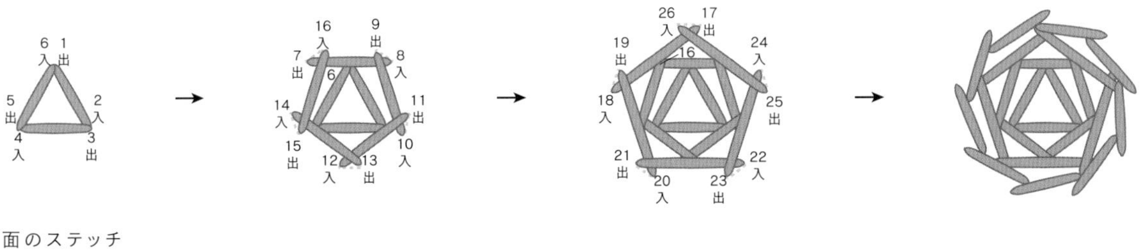

小さなステッチも
ちくちく刺し集めれば
小さなパーツにぴったりの
キュートな模様に

67A シーディングステッチⅠ／**67B** シーディングステッチⅡ／**67C** シーディングステッチⅢ／
68 ジグザグステッチⅠ-Ⅱ／**69** スポークステッチ（＋コーチングステッチ、チェーンステッチ）／
70 バンドルステッチ（＋フレンチノットステッチ）／**71** ランブラーローズステッチ（＋レゼーデージーステッチ）

72 Threaded chain stitch
スレデッドチェーンステッチ

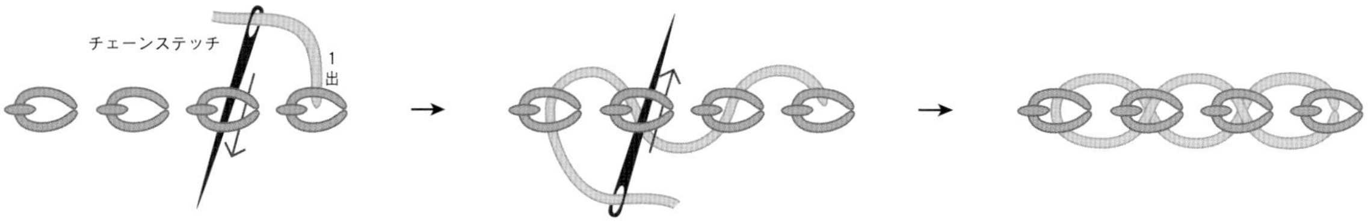

73 Double lazy daisy stitch
ダブルレゼーデージーステッチ

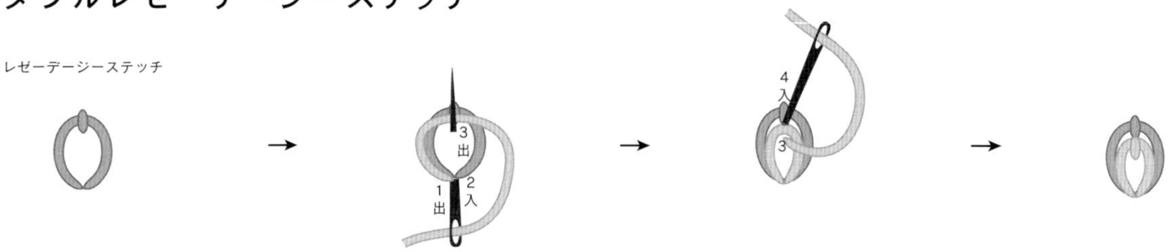

74 French lazy daisy stitch
フレンチレゼーデージーステッチ

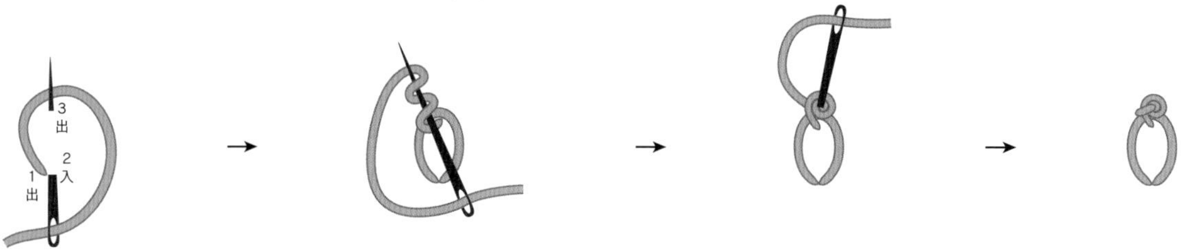

75 Long french knot stitch
ロングフレンチノットステッチ

76 Coral stitch
コーラルステッチ

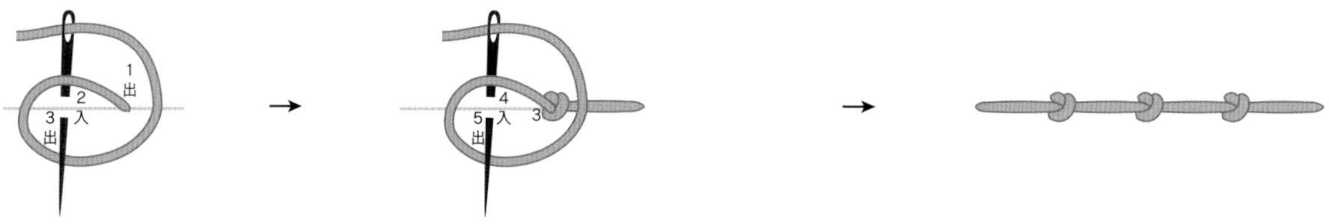

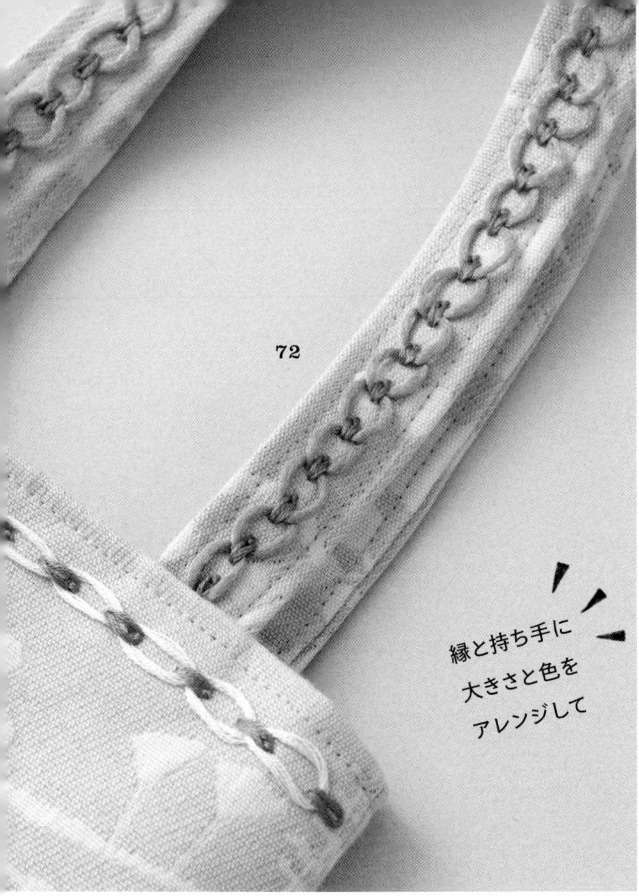

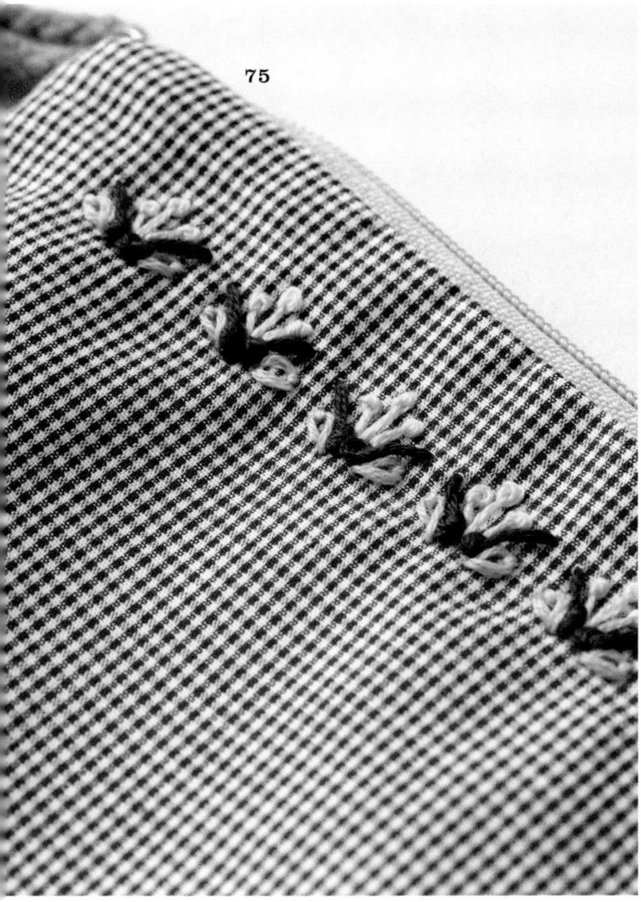

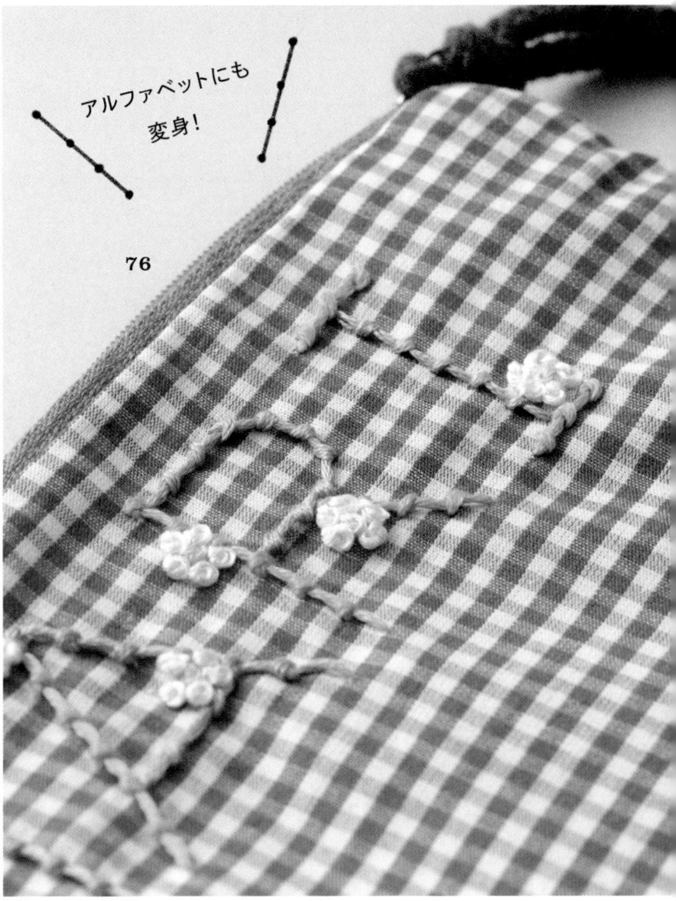

72 スレデッドチェーンステッチ／ **73** ダブルレゼーデージーステッチ（+ ストレートステッチ）／ **74** フレンチレゼーデージーステッチ／
75 ロングフレンチノットステッチ（+ レゼーデージーステッチ）／ **76** コーラルステッチ（+ フレンチノットステッチ）

77 Zigzag coral stitch
ジグザグコーラルステッチ

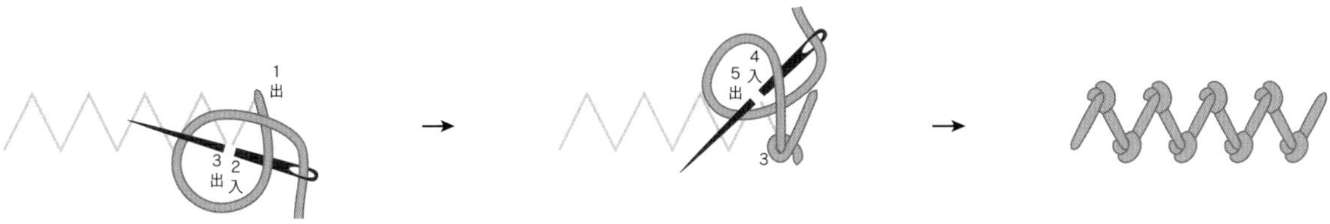

78 German knot stitch
ジャーマンノットステッチ

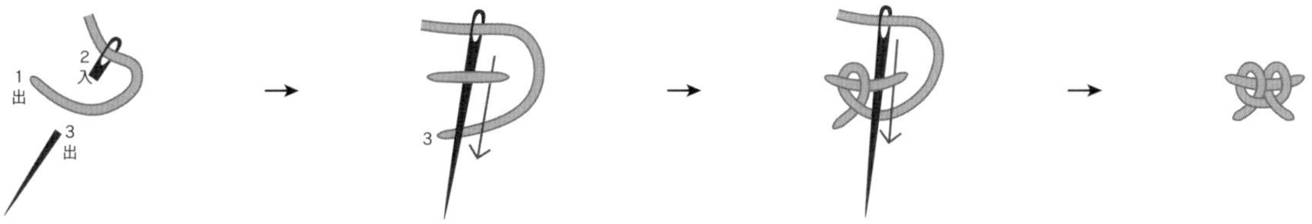

79 Cable stitch
ケーブルステッチ 別名／パレストリーナステッチ

ジャーマンノットステッチ

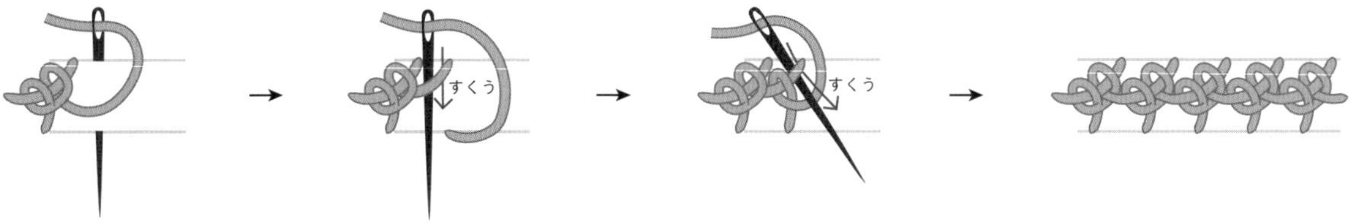

80 Four-legged knot stitch
フォーレグドノットステッチ

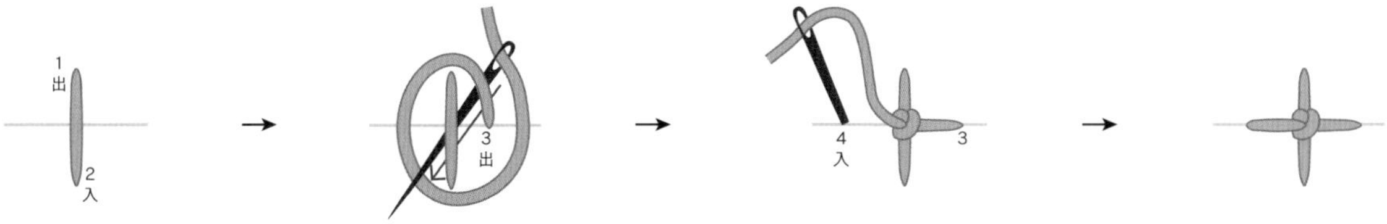

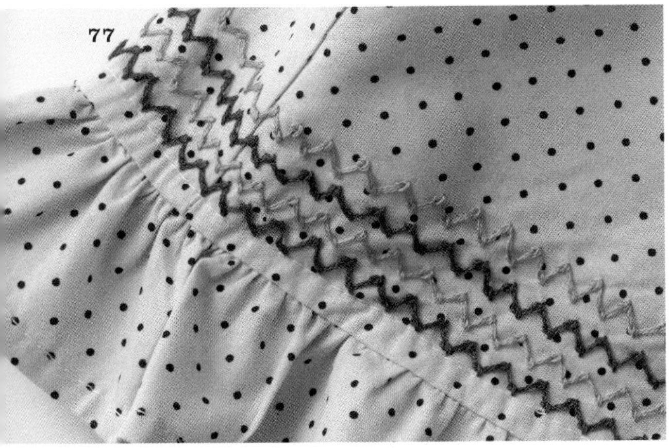

77

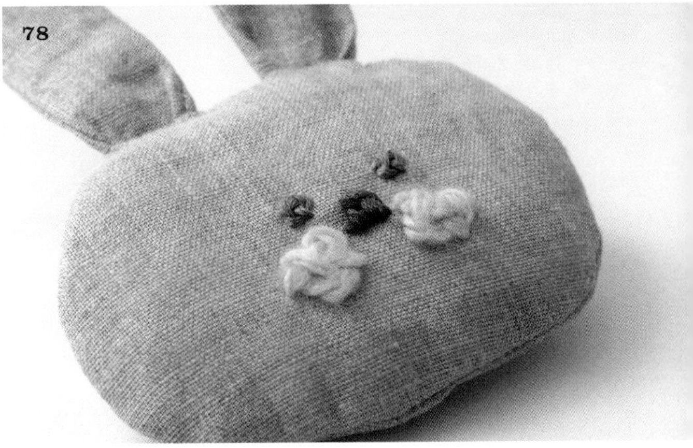

78

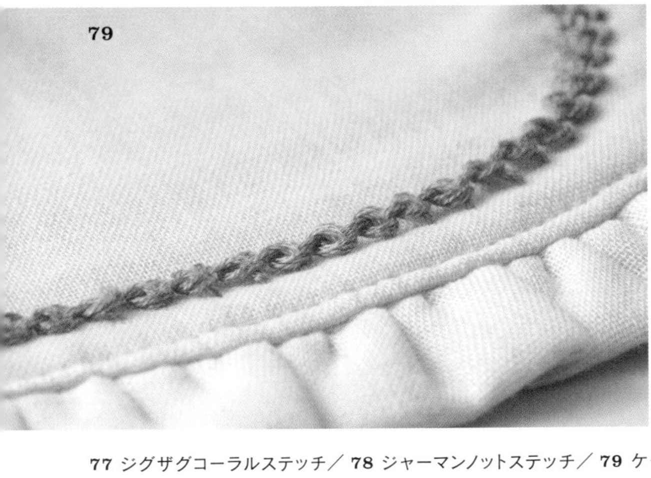

79

80

77 ジグザグコーラルステッチ／ **78** ジャーマンノットステッチ／ **79** ケーブルステッチ／ **80** フォーレグドノットステッチ

81 Rumanian stitch

ルーマニアンステッチ

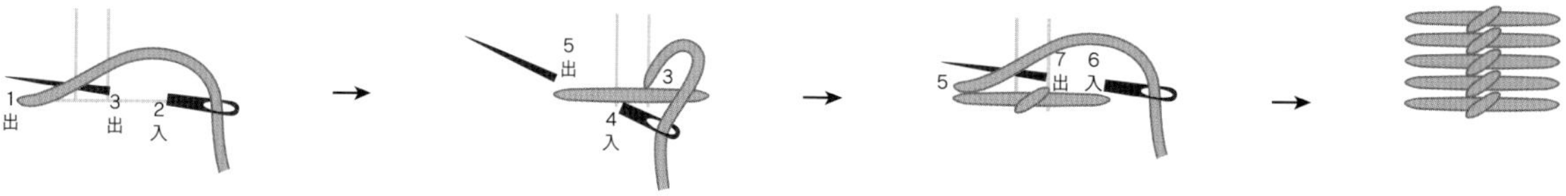

82 Roman stitch

ローマンステッチ

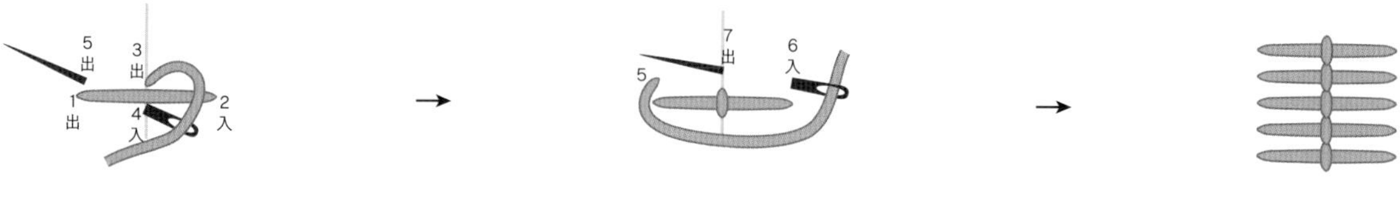

83 Rumanian couching stitch

ルーマニアンコーチングステッチ

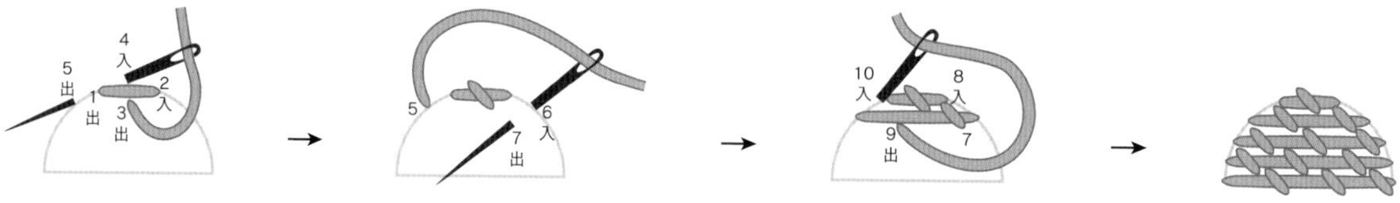

84 Twisted loop stitch

ツイステッドループステッチ

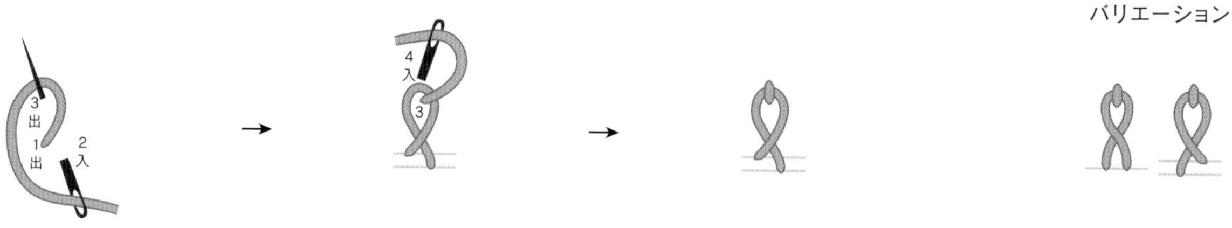

85 Tulip stitch

チューリップステッチ

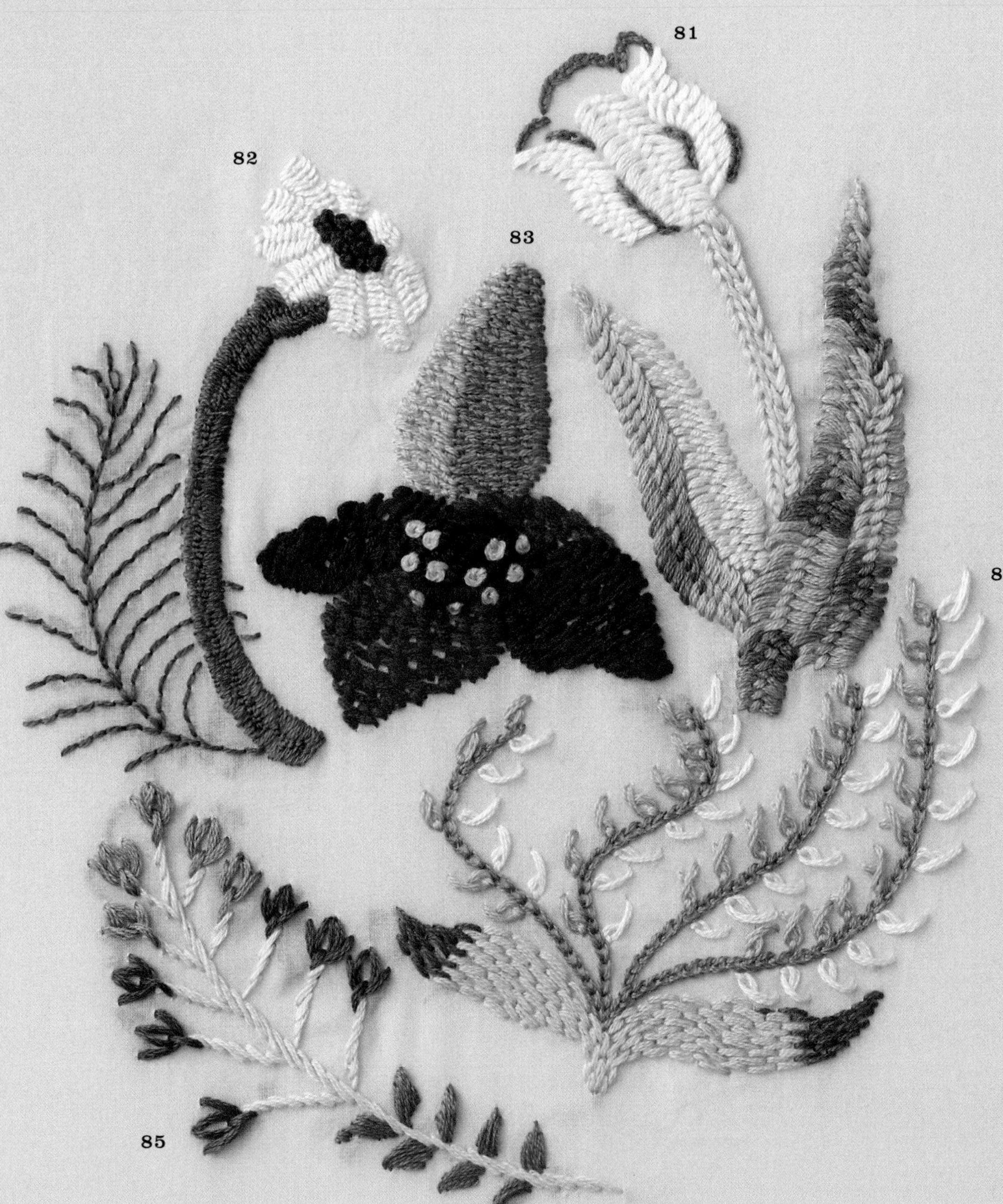

81 ルーマニアンステッチ（+ チェーンステッチ）／**82** ローマンステッチ（+ バックステッチ、フレンチノットステッチ）／**83** ルーマニアンコーチングステッチ（+ バリオンステッチ、フレンチノットステッチ）／**84** ツイステッドループステッチ（+ チェーンステッチ、ロングアンドショートステッチ）／**85** チューリップステッチ（+ アウトラインステッチ、サテンステッチ）

86 Bullion rose stitch
バリオンローズステッチ

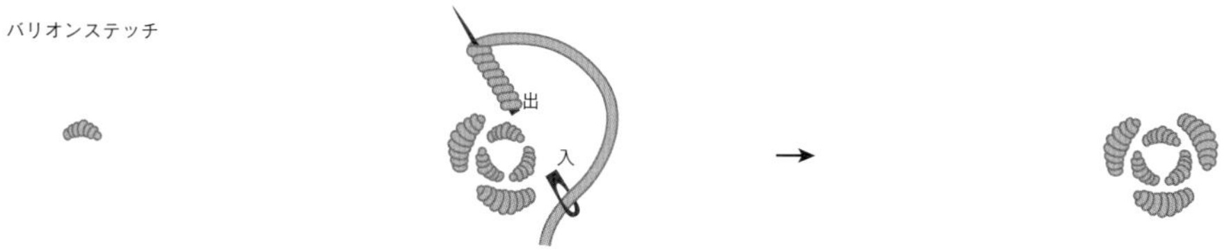

87 Bullion knot stitch
バリオンノットステッチ

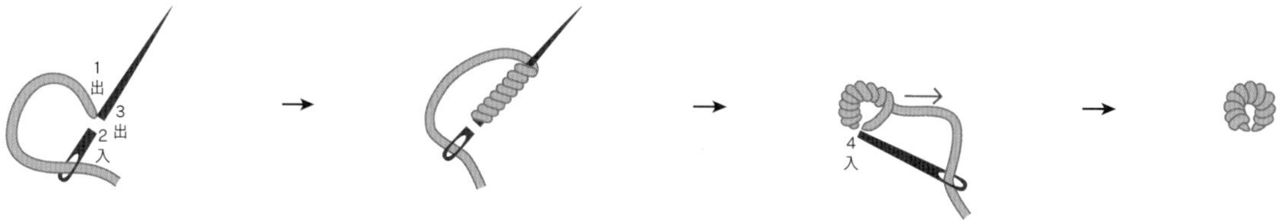

88 Bullion daisy stitch
バリオンデージーステッチ

89 Turkey knot stitch
ターキーノットステッチ 別名／スミルナステッチ

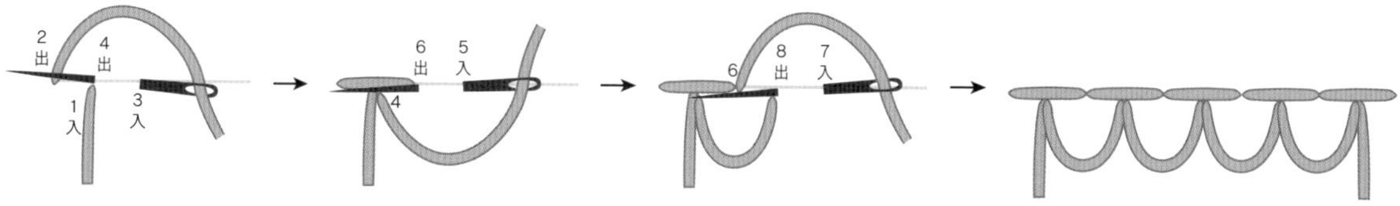

バリエーション

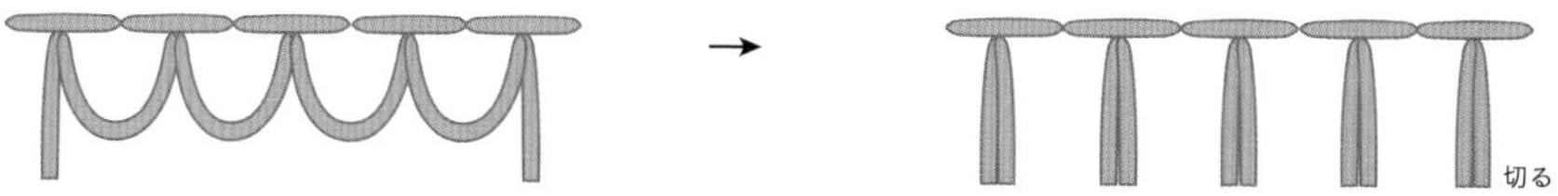

86

87

88

89

同じステッチを
たくさん刺すことで現れる
茶目っ気たっぷりの動物たち

86 バリオンローズステッチ（+ ストレートステッチ、フレンチノットステッチ）／87 バリオンノットステッチ（+ サテンステッチ、ストレートステッチ）／
88 バリオンデージーステッチ（+ アウトラインステッチ、サテンステッチ）／89 ターキーノットステッチ（+ サテンステッチ、バックステッチ）

90 Ring stitch
リングステッチ　別名／ループステッチ

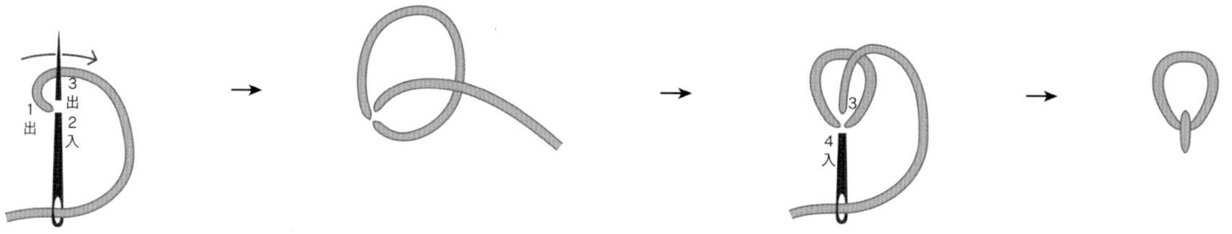

91 Cast-on stitch
キャストオンステッチ

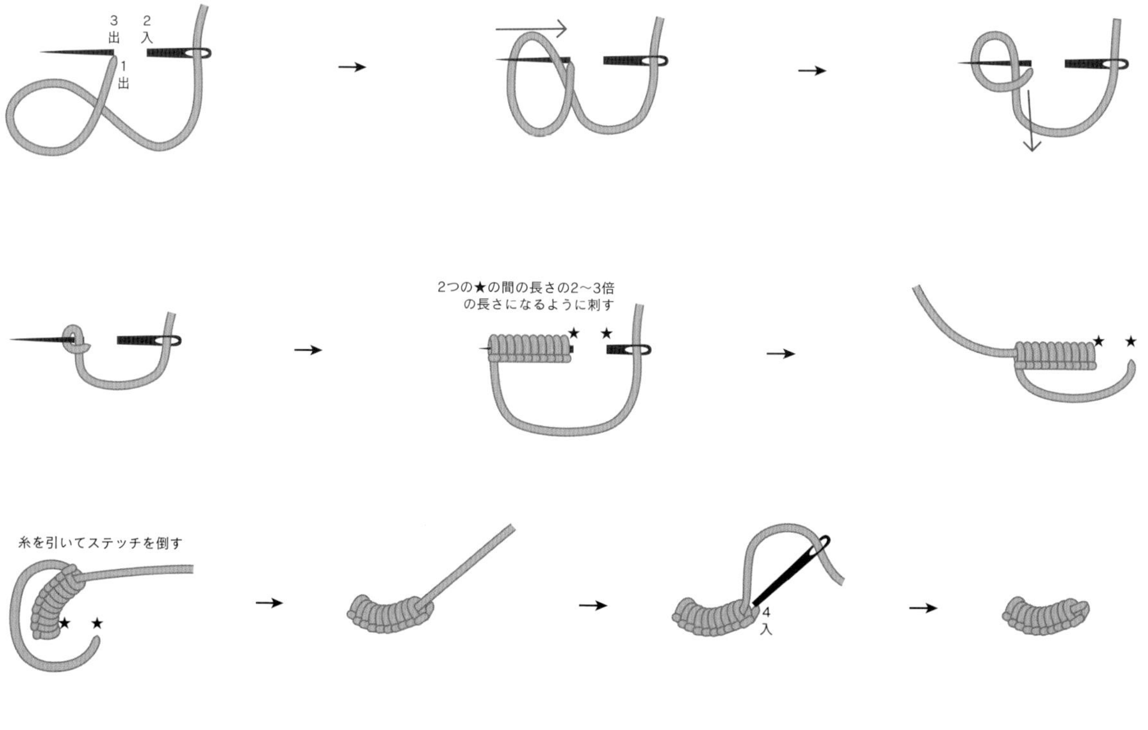

92 Cast-on rose stitch
キャストオンローズステッチ

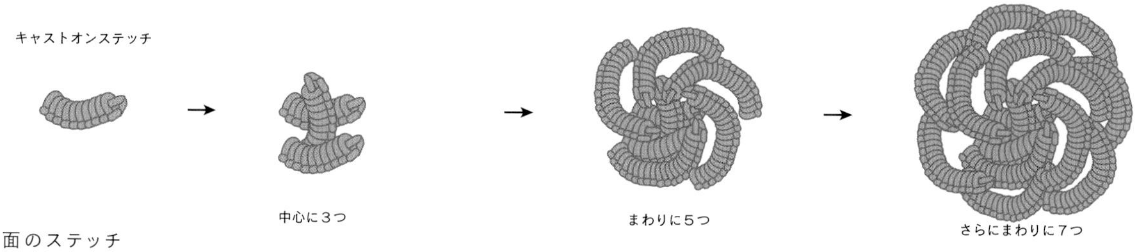

90 リングステッチ／ 91 キャストオンステッチ／ 92 キャストオンローズステッチ

93 Spider web rose stitch
スパイダーウェブローズステッチ

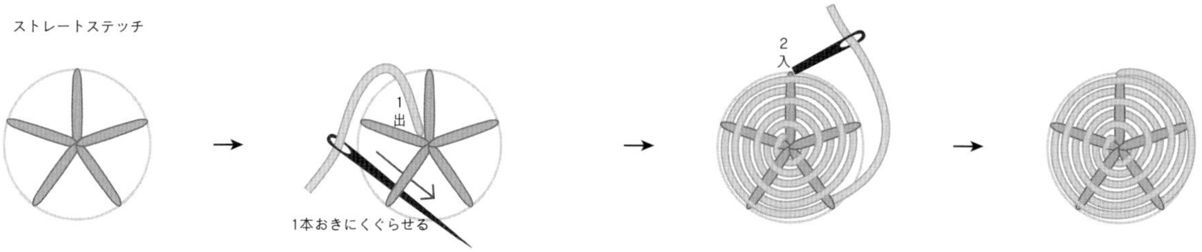

94 Ribbed spider web stitch
リブドスパイダーウェブステッチ

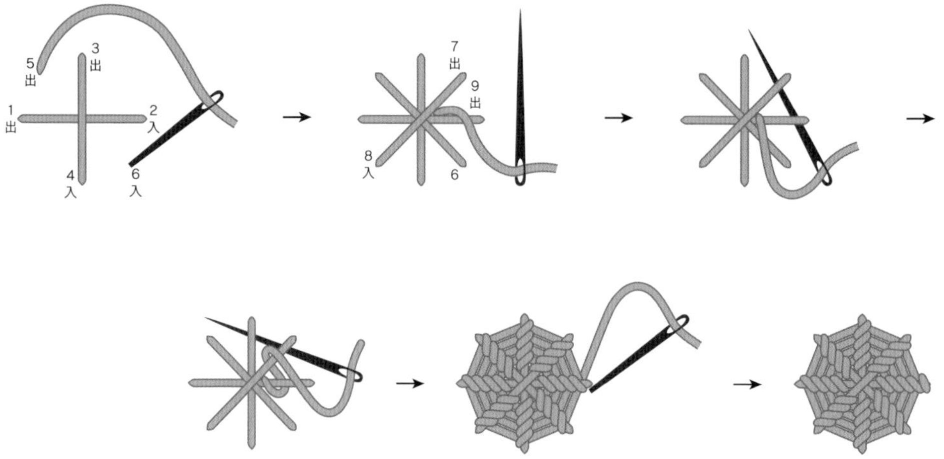

95 Raised spider weave stitch
レイズドスパイダーウィーブステッチ

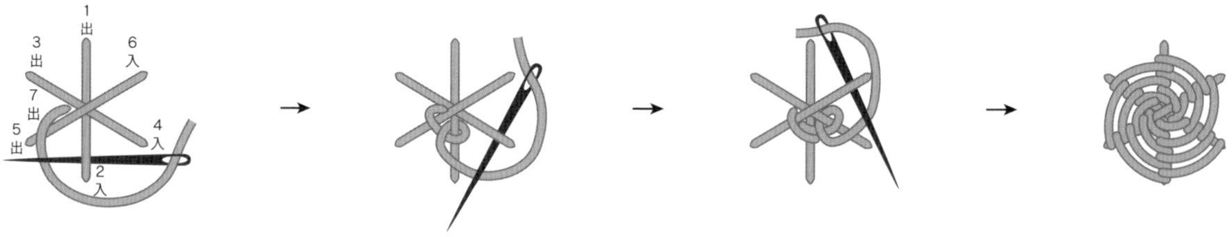

96 Woven spider's web stitch
ウォーブンスパイダーズウェブステッチ

93 スパイダーウェブローズステッチ（+ チェーンステッチ）／ **94** リブドスパイダーウェブステッチ（+ ストレートステッチ、チェーンステッチ）／ **95** レイズドスパイダーウィーブステッチ（+ サテンステッチ、バックステッチ）／ **96** ウォーブンスパイダーズウェブステッチ（+ サテンステッチ、チェーンステッチ）

97 Basket filling stitch

バスケットフィリングステッチ

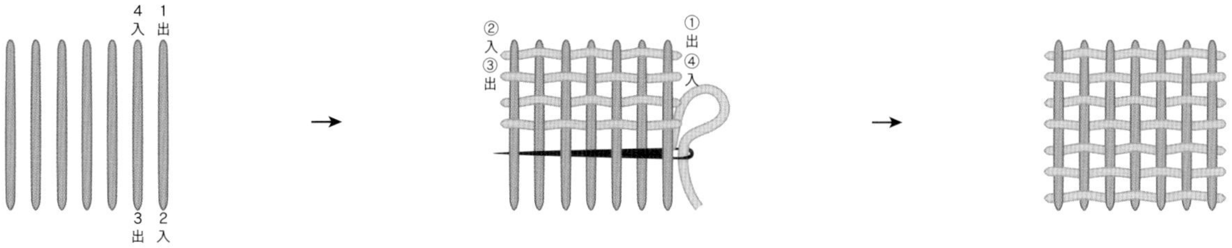

98 Honeycomb filling stitch

ハニコムフィリングステッチ

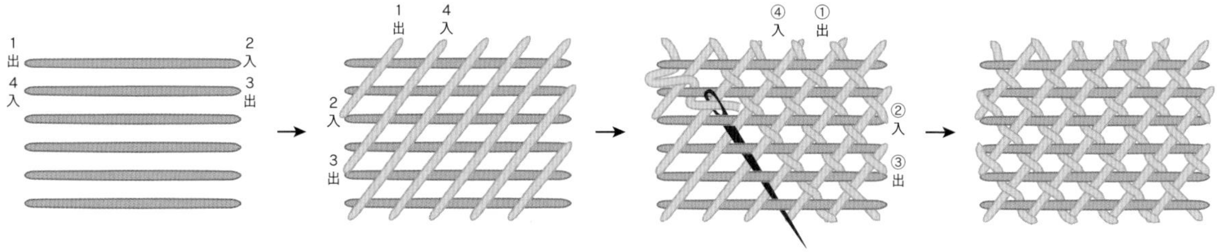

99 Cloud filling stitch

クラウドフィリングステッチ

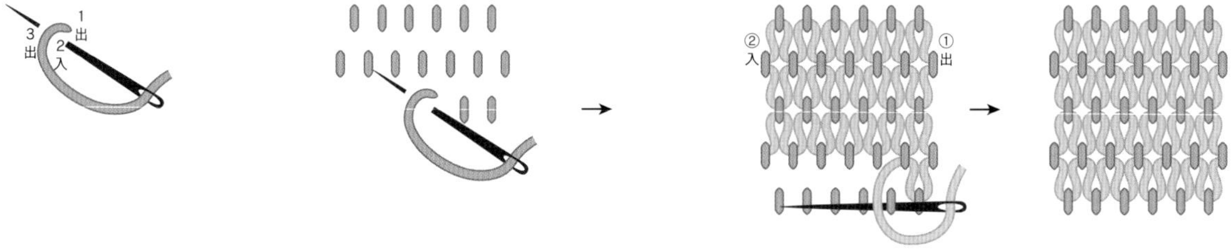

100 Couched trellis stitch

コーチドトレリスステッチ

バリエーション

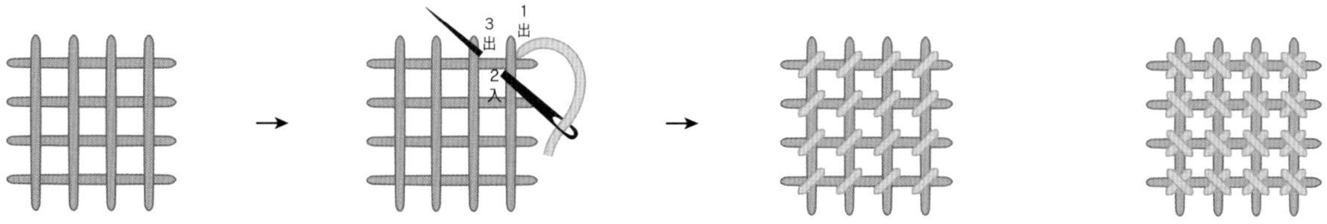

バスケットフィリングステッチに
アレンジを加えて。
よりチャーミングに

97

98

99

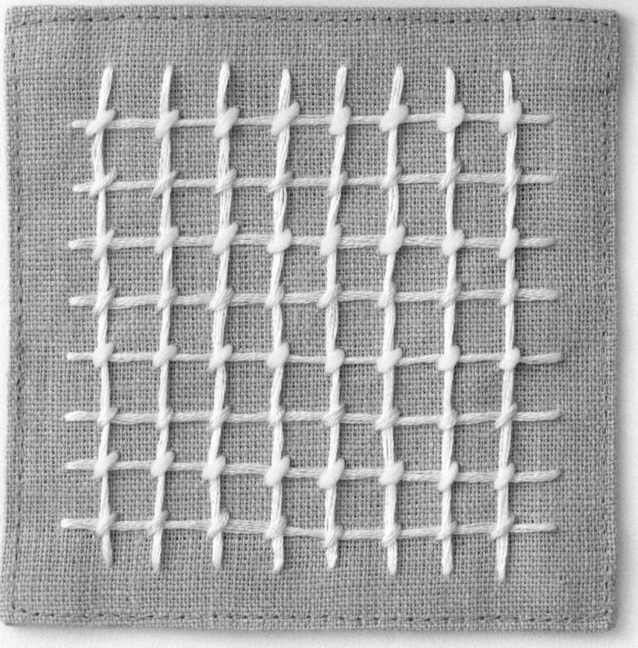

100

97 バスケットフィリングステッチ（+ ストレートステッチ）／ **98** ハニコムフィリングステッチ／ **99** クラウドフィリングステッチ（+ バックステッチ）／
100 コーチドトレリスステッチ

Enjoy stitching!

さまざまなステッチを組みあわせてみましょう

この本で紹介した100のステッチの中から複数のステッチを組みあわせ、作品として仕上げてみました。
いろいろなステッチを思いのまま自由に使うと、作品の幅が広がるだけでなく、刺繍がもっとたのしくなります。

立体的なキャストオンステッチをコアラの毛並みに、お花の形のチューリップステッチをヒョウ柄に、動きの出るリングステッチをフクロウの羽に。ステッチの特徴を活かして、動物の一部に見立ててみました。

コアラ

size 幅10×高さ13×厚さ3cm
図案 → p.58

ヒョウ

size 幅 13 ×高さ 11 ×厚さ 2㎝
図案　→ p.59

フクロウ

size 幅 12 ×高さ 11 ×厚さ 2㎝
図案　→ p.59

アルファベット

size それぞれ横 3 ～ 3.5 × 縦 4cm

図案　→ p.60 ～ 61

「どうやって使おうかな？」と悩むステッチは、3~4 つのステッチと色を組みあわせてアルファベットに。一文字でも華やかなので、イニシャル刺繍にぴったりです。

オオカミ

size 横 23 × 縦 35cm
図案　→ p.62 〜 63

植物を描くためによく使われるリーフステッチやキャストオンローズステッチも、組みあわせて並べると生き物を表現できます。リネン生地は刺しやすくておすすめです。ハンカチに刺繍をすれば、そのままインテリアに。

ネズミ

size 横 5 × 縦 5cm
図案　→ p.62

図案

＊ 52-57 ページに掲載している作品の図案を掲載しています。
＊各図案に示しているパーセントで拡大し、実寸サイズにしたあと、掲載写真を参考にしながら図案どおりに刺したり、好みの大きさや色、糸で刺したりしておたのしみください。

凡例

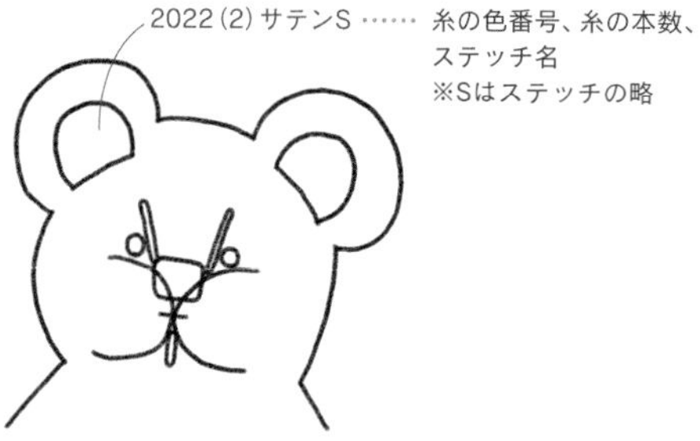

ヒョウ →p.53 …………………… 作品名、掲載ページ
COSMO25番刺しゅう糸 …………………… 糸のメーカー名、番手

マスコットの仕立て方

コアラだけでなく、ヒョウとフクロウ（p.59）も同様に仕立てます。

用意するもの：刺繍糸、綿

1 布を図案通りに 2 枚切る。
2 布 1 枚に刺繍をする。
3 刺繍した布の下にもう 1 枚の布を重ね、縁を半分ほどかがる。
4 綿を詰め、残りの縁をかがる。

コアラ →p.52

COSMO25番刺しゅう糸
フェルト（ミニー 200 ／ 336）
※120% に拡大し、実寸にして使用。

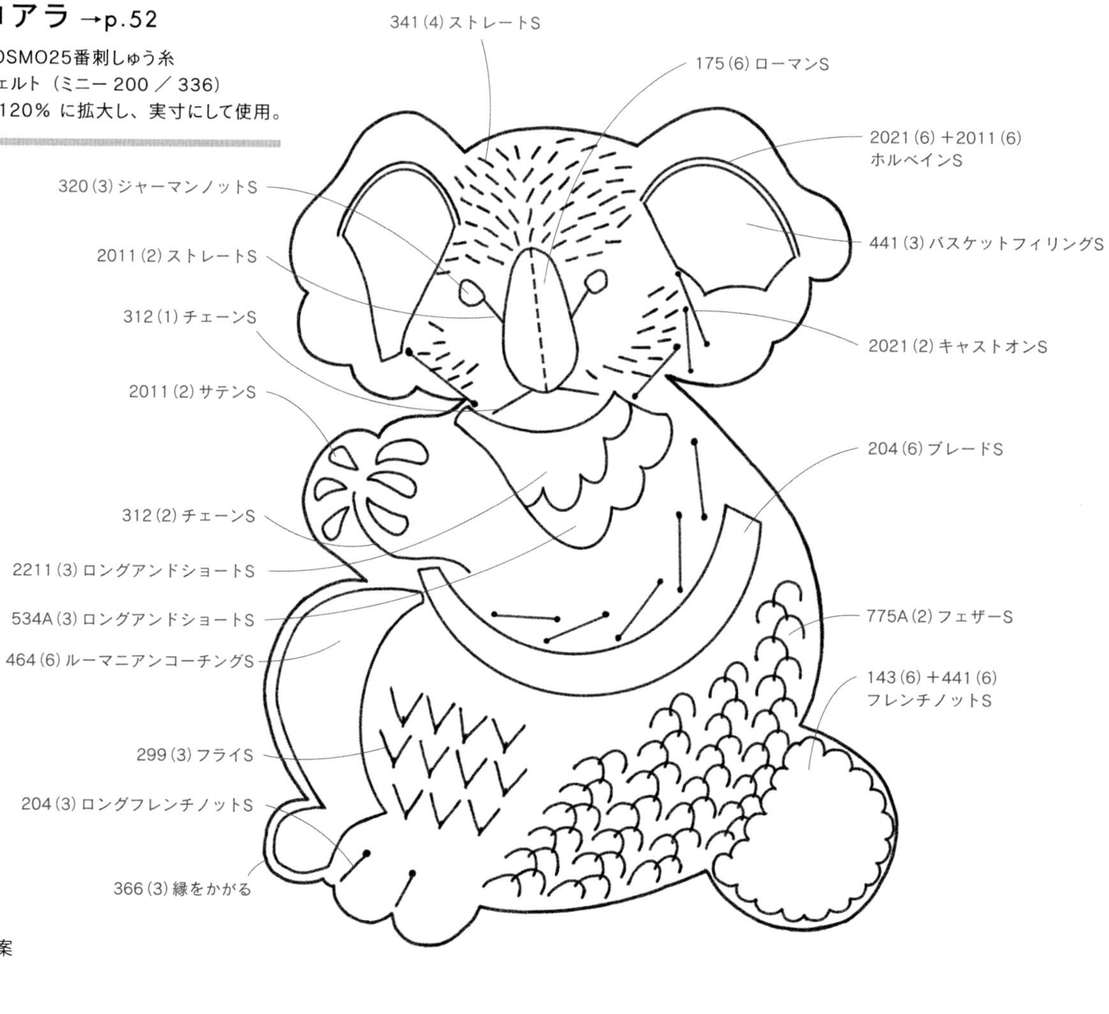

ヒョウ →p.53

COSMO25番刺しゅう糸
フェルト（ミニー 200 ／ 434）
※120% に拡大し、実寸にして使用。

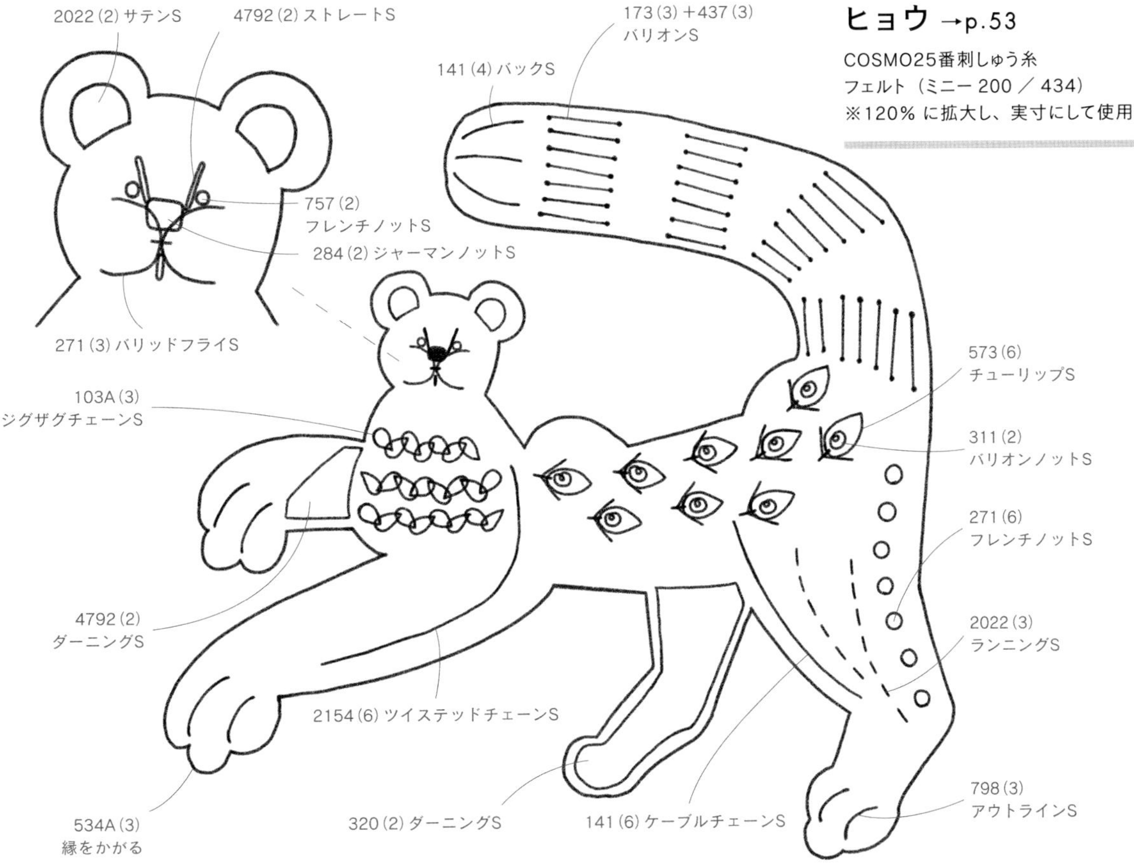

フクロウ →p.53

COSMO25番刺しゅう糸
フェルト（ミニー 200 ／ 703）
※120% に拡大し、実寸にして使用。

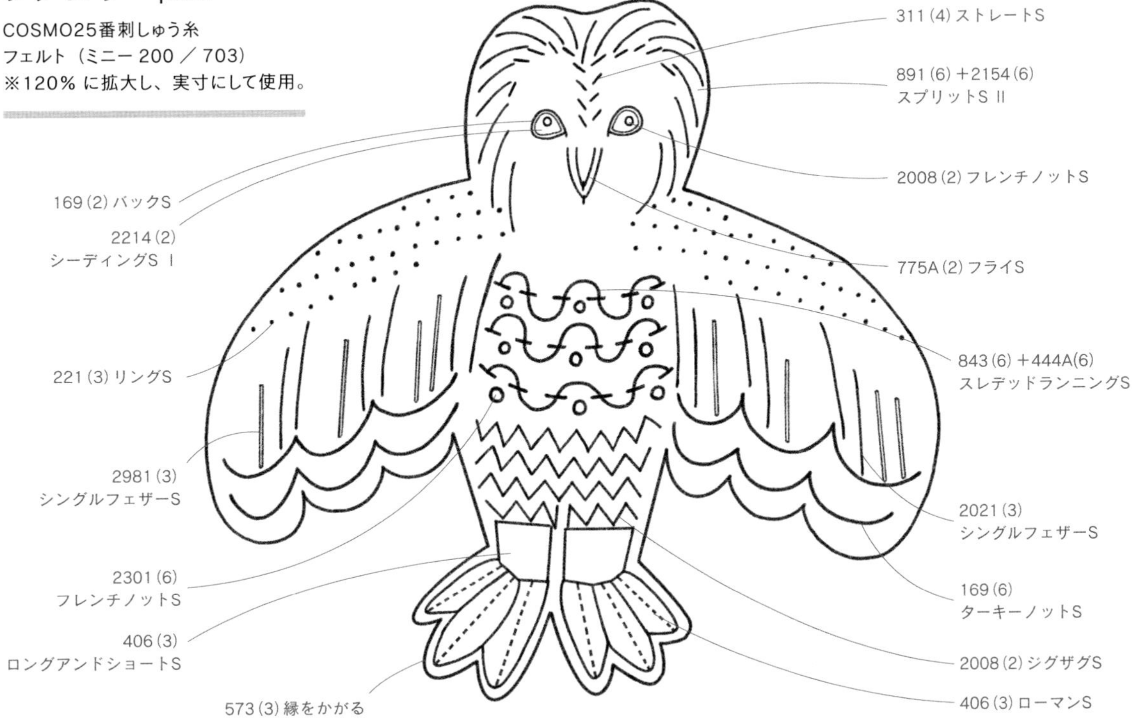

アルファベット →p.54～55

COSMO25番刺しゅう糸
※140％ に拡大し、実寸にして使用。

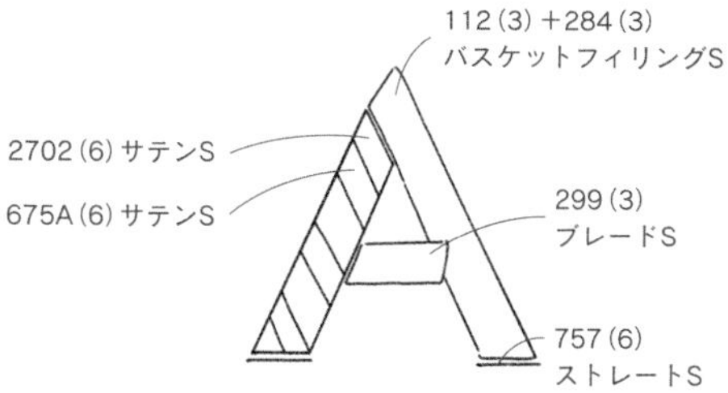

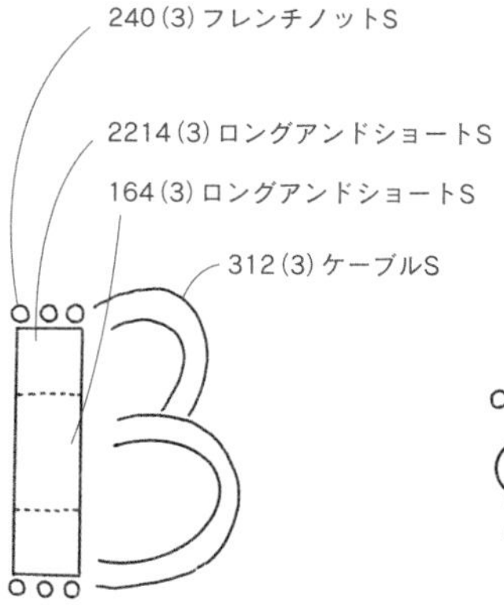

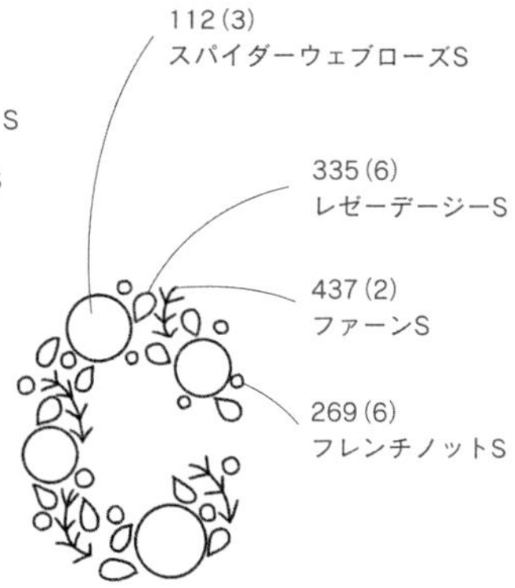

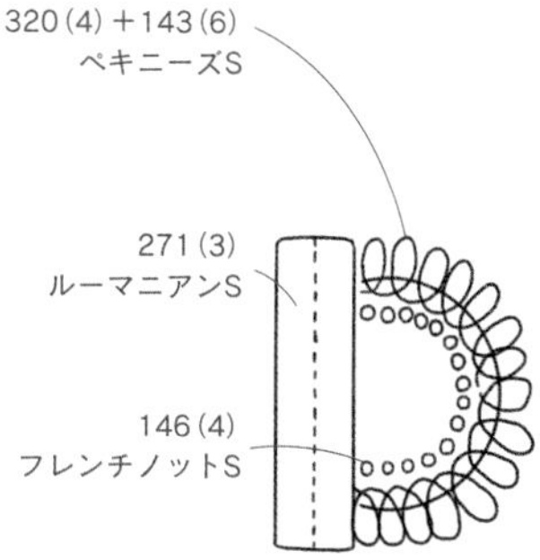

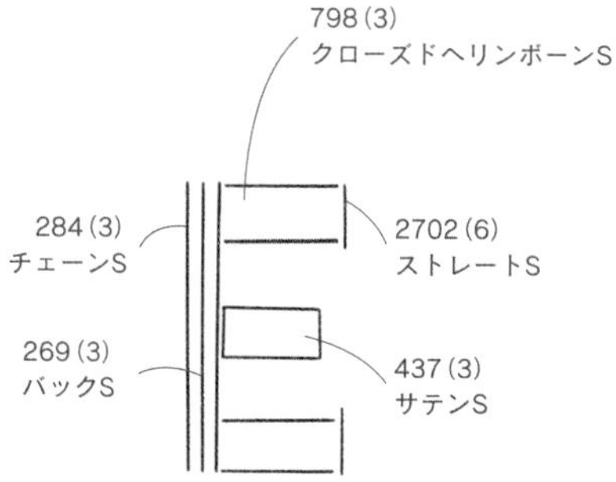

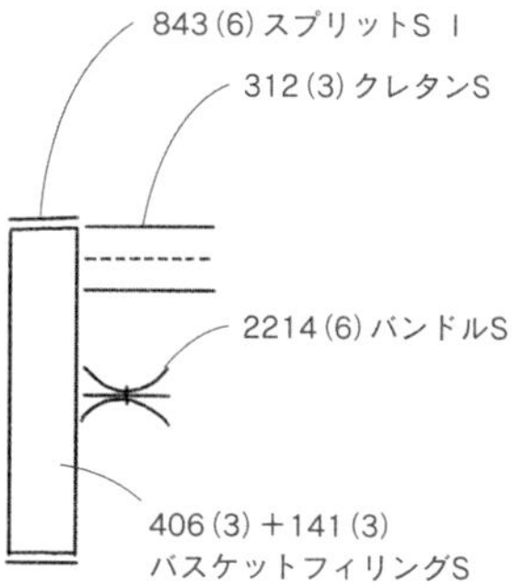

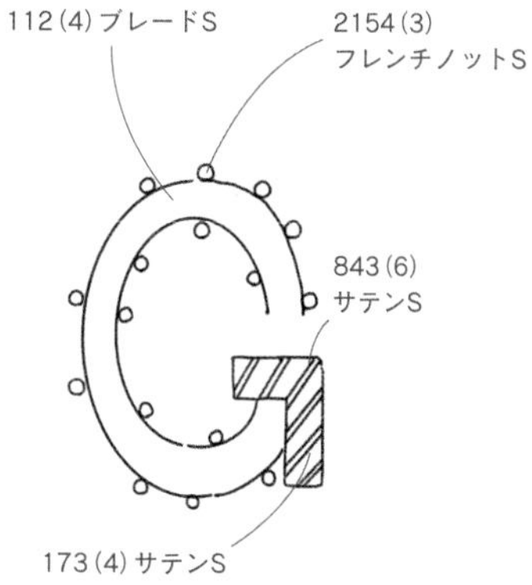

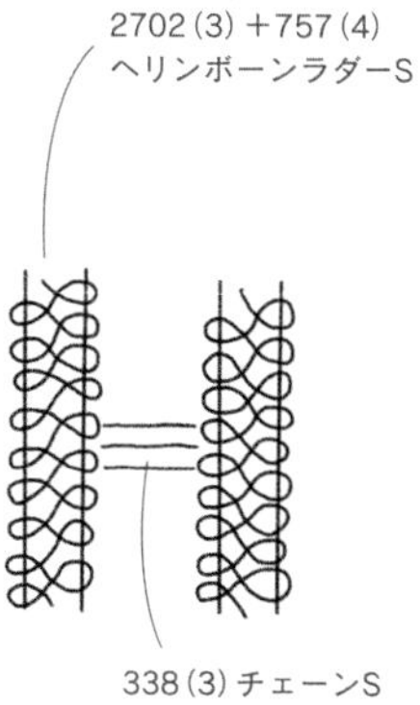

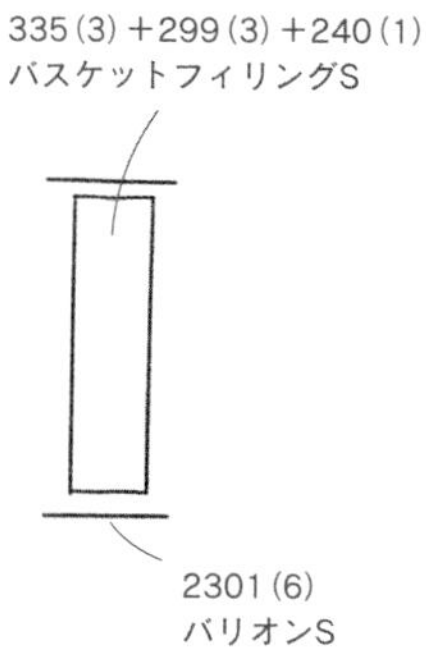

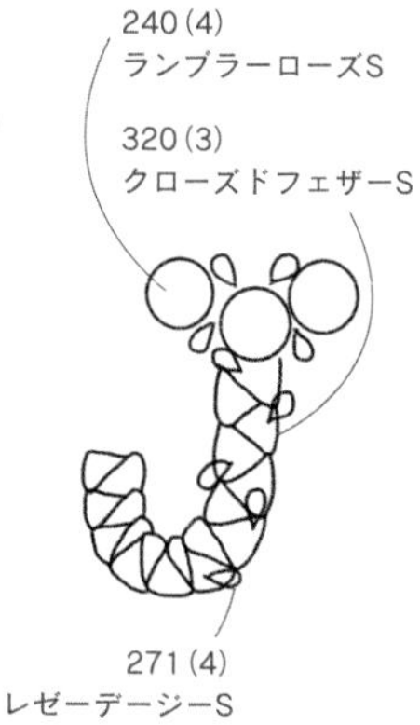

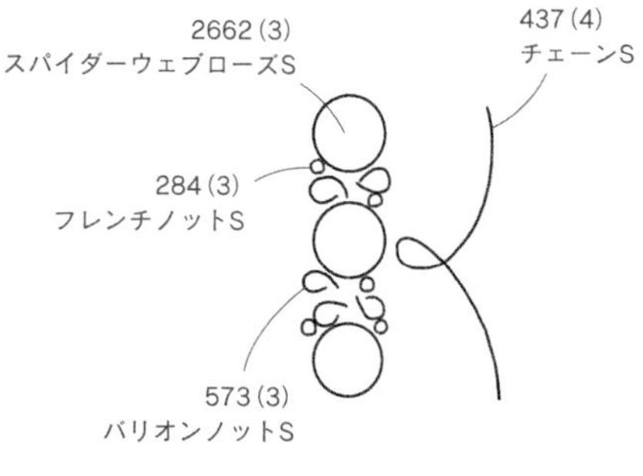

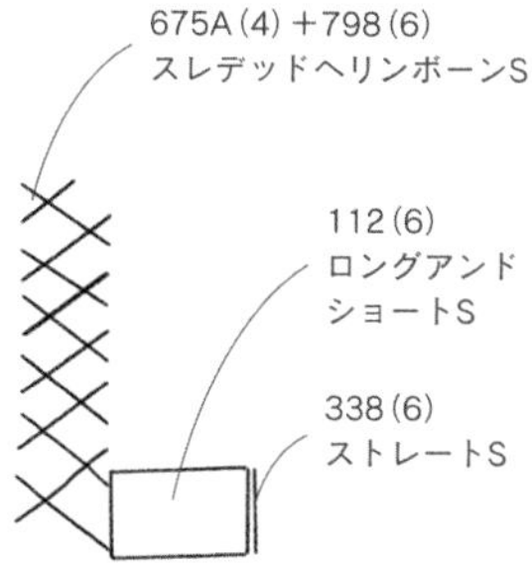

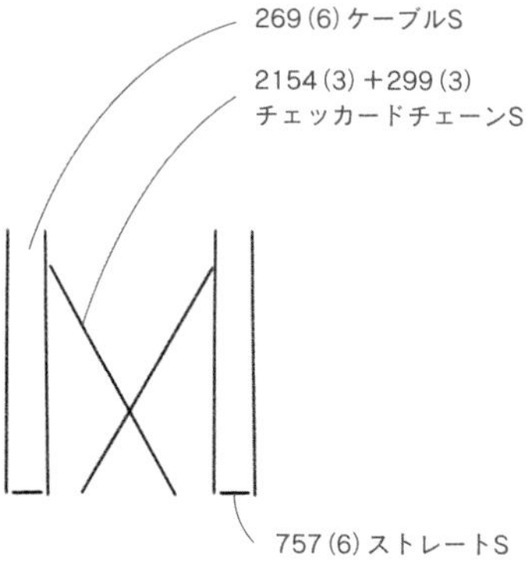

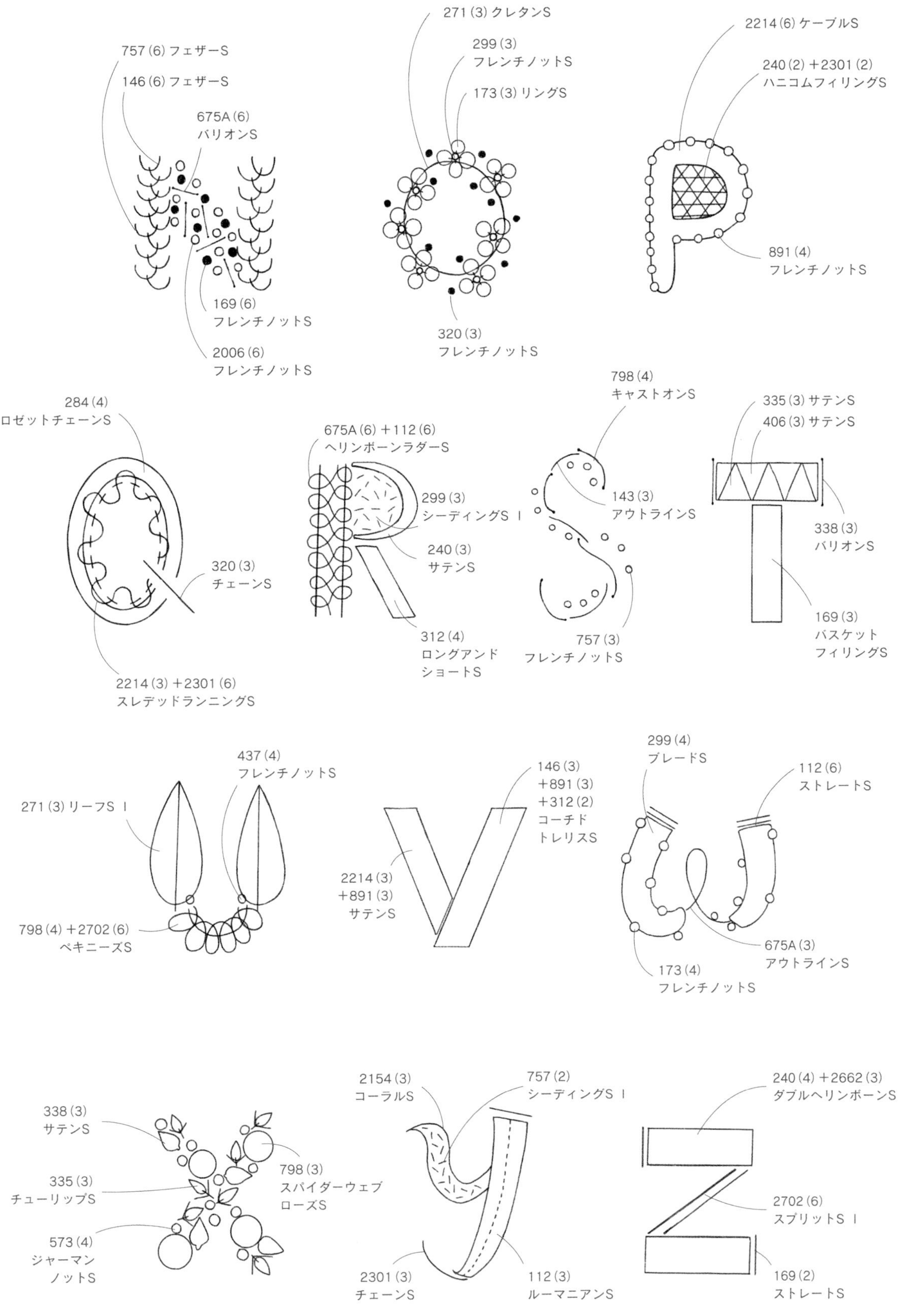
757 (6) フェザーS
146 (6) フェザーS
675A (6) バリオンS
169 (6) フレンチノットS
2006 (6) フレンチノットS
271 (3) クレタンS
299 (3) フレンチノットS
173 (3) リングS
320 (3) フレンチノットS
2214 (6) ケーブルS
240 (2) +2301 (2) ハニコムフィリングS
891 (4) フレンチノットS
284 (4) ロゼットチェーンS
320 (3) チェーンS
2214 (3) +2301 (6) スレデッドランニングS
675A (6) +112 (6) ヘリンボーンラダーS
299 (3) シーディングS Ⅰ
240 (3) サテンS
312 (4) ロングアンド ショートS
798 (4) キャストオンS
143 (3) アウトラインS
757 (3) フレンチノットS
335 (3) サテンS
406 (3) サテンS
338 (3) バリオンS
169 (3) バスケット フィリングS
437 (4) フレンチノットS
271 (3) リーフS Ⅰ
798 (4) +2702 (6) ペキニーズS
146 (3) +891 (3) +312 (2) コーチド トレリスS
2214 (3) +891 (3) サテンS
299 (4) ブレードS
112 (6) ストレートS
675A (3) アウトラインS
173 (4) フレンチノットS
338 (3) サテンS
798 (3) スパイダーウェブ ローズS
335 (3) チューリップS
573 (4) ジャーマン ノットS
2154 (3) コーラルS
757 (2) シーディングS Ⅰ
2301 (3) チェーンS
112 (3) ルーマニアンS
240 (4) +2662 (3) ダブルヘリンボーンS
2702 (6) スプリットS Ⅰ
169 (2) ストレートS

ネズミ →p.56

COSMO25番刺しゅう糸
※実寸。このままで使用。

オオカミ →p.56

COSMO25番刺しゅう糸
※63ページの図案を150%に拡大し、実寸にして使用。

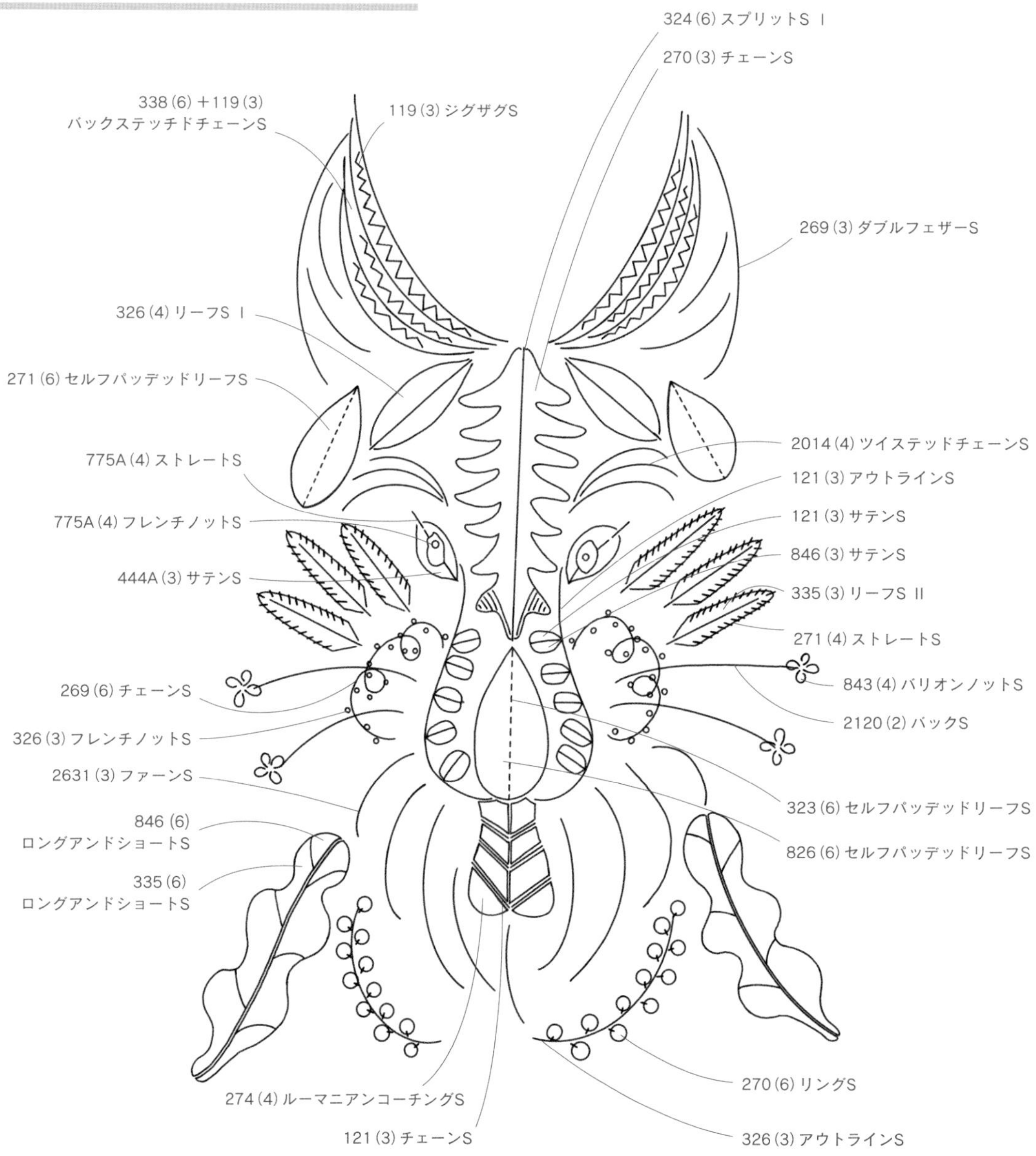

著者　神尾茉利

美術家、イラストレーター。刺繍、絵、言葉による表現を得意とし、書籍や広告のディレクション、自身のオンラインストアでの作品販売やオーダーメイド企画などを行う。著書に、小説内に描かれる刺繍を独自の解釈で具現化した『刺繍小説』（扶桑社）や、すべて刺繍で紡がれた絵本『さがそ！ちくちくぬいぬい』（学研プラス）などがある。
http://kamiomari.com
https://www.instagram.com/kamio_mari/

Staff

デザイン　恩田 綾
組版　ウエイド手芸制作部
撮影　わだりか（mobiile, inc.）
スタイリング　大島有華
イラスト・図案　神尾茉利
ステッチ図　もぐらぽけっと
校正　ディクション株式会社
編集協力　鶴留聖代

協力

ototoito
https://ototoito.stores.jp
https://www.instagram.com/ototoito_embroidery/

株式会社ルシアン
https://www.lecien.co.jp/
https://www.instagram.com/lecien_cosmo_jp/
※「COSMO」は株式会社ルシアンの登録商標です。

サンフェルト株式会社
http://www.sunfelt.co.jp
https://www.instagram.com/sunfelt_official/
https://twitter.com/SUNFELT

AWABEES

参考文献

『基本のステッチがわかる本 はじめましての刺繍教室』文化出版局 編、文化出版局
『これならできる！みんなの教科書 刺しゅう きほんの基本』立川一美・堀越綾子 監修、高橋書店
『刺し方のプロセスが写真でよく分かる 刺しゅうのステッチと基本』アトリエ Fil 著、ブティック社
『新装版 はじめてさんにも写真でよくわかる基礎の本 刺しゅうステッチ事典 150』オノエ・メグミ 監修、日本ヴォーグ社
『はじめてでもきれいに刺せる 刺しゅうの基礎』安田由美子 著、日本文芸社

本書の内容に関するお問い合わせは、お手紙かメール（jitsuyou@kawade.co.jp）にて承ります。恐縮ですが、お電話でのお問い合わせはご遠慮くださいますようお願いいたします。

ステッチをたのしむ刺繍レッスン
100 stitches & 100 ideas

2023年11月20日 初版印刷
2023年11月30日 初版発行

著　者　神尾茉利
発行者　小野寺優
発行所　株式会社河出書房新社
〒151-0051 東京都渋谷区千駄ヶ谷 2-32-2
電話　03-3404-1201（営業）
03-3404-8611（編集）
https://www.kawade.co.jp/
印刷・製本　TOPPAN 株式会社

Printed in Japan
ISBN978-4-309-29351-6

index

あ

アウトラインステッチ……5
ウィップドアウトラインステッチ……14
ウィップドチェーンステッチ……18
ウィップドバックステッチ……16
ウィップドブランケットステッチ……26
ウィップドランニングステッチ……12
ウォーブンスパイダーズウェブステッチ……48
オープンクレタンステッチ……26
オープンチェーンステッチ……20
オープンレゼーデージーステッチ（別名）……22
オルタネイティングステムステッチ……14

か

キャストオンステッチ……46
キャストオンローズステッチ……46
クラウドフィリングステッチ……50
クレタンステッチ……26
クローズドフェザーステッチ……26
クローズドブランケットステッチ……28
クローズドヘリンボーンステッチ……30
クローズドボタンホールステッチ（別名）……28
ケーブルステッチ……40
ケーブルチェーンステッチ……20
コーチドトレリスステッチ……50
コーチングステッチ……4
コーラルステッチ……38

さ

サテンステッチ……8
サーフェイスサテンステッチ……8
シェブロンステッチ……28
ジグザグコーラルステッチ……40
ジグザグステッチ……36
ジグザグチェーンステッチ……18
シーディングステッチ……36
シードステッチ……16
ジャーマンノットステッチ……40
芯入りサテンステッチ（別名）……8
シングルフェザーステッチ……24
スクエアチェーンステッチ（別名）……20
ステムステッチ（別名）……5
ストレートステッチ……4
スパイダーウェブローズステッチ……48
スプリットステッチ……14
スポークステッチ……36
スミルナステッチ（別名）……44
スレデッドチェーンステッチ……38
スレデッドバックステッチ……16
スレデッドヘリンボーンステッチ……30
スレデッドランニングステッチ……12
セルフパッデッドリーフステッチ……32
ソーンステッチ……14

た

タイドチェーンステッチ……18
ターキーノットステッチ……44
ダーニングステッチ……12
ダブルスレデッドバックステッチ……16
ダブルフェザーステッチ……24
ダブルフライステッチ……22
ダブルヘリンボーンステッチ……30
ダブルボタンホールステッチ……28
ダブルランニングステッチ（別名）……12
ダブルレースドバックステッチ（別名）……16
ダブルレゼーデージーステッチ……38
チェッカードチェーンステッチ……18
チェーンステッチ……6
チェーンダーニングステッチ（別名）……20
チャイニーズステッチ（別名）……16
チューリップステッチ……42
ツイステッドアウトラインステッチ（別名）……14

ツイステッドチェーンステッチ……20
ツイステッドバックステッチ（別名）……16
ツイステッドランニングステッチ（別名）……12
ツイステッドループステッチ……42
ツーカラーチェーンステッチ（別名）……18
テイラードボタンホールステッチ……28
デージーステッチ（別名）……10
デタッチドチェーンステッチ（別名）……10
トレブルフェザーステッチ……24

な
ナッツダーニングステッチ（別名）……20
ノッテッドフェザーステッチ……24

は
バスケットフィリングステッチ……50
バックステッチ……4
バックステッチドチェーンステッチ……18
パデッドサテンステッチ……8
ハニコムフィリングステッチ……50
バリオンステッチ……10
バリオンデージーステッチ……44
バリオンノットステッチ……44
バリオンローズステッチ……44
バリッドフライステッチ……22
パレストリーナステッチ（別名）……40
バンドルステッチ……36
ファーンステッチ……34
フィッシュボーンステッチ……34
フェザーステッチ……22
フォービドンステッチ（別名）……16
フォーレグドノットステッチ……40
フライステッチ……22
ブランケットステッチ……26
プレイテッドフライステッチ……22
ブレードステッチ……20
フレンチノットステッチ……10
フレンチレゼーデージーステッチ……38
ペキニーズステッチ……16
ヘリンボーンステッチ……30
ヘリンボーンラダーステッチ……30
ボタンホールステッチ（別名）……26
ボタンホールホイールステッチ……28
ホルベインステッチ……12

ま
マジックチェーンステッチ（別名）……18

ら
ランニングステッチ……4
ランブラーローズステッチ……36
リーフステッチ……32
リブドスパイダーウェブステッチ……48
リングステッチ……46
ループステッチ（別名）……46
ルーマニアンコーチングステッチ……42
ルーマニアンステッチ……42
レイズドスパイダーウィーブステッチ……48
レイズドフィッシュボーンステッチ……34
レースドバックステッチ（別名）……16
レースドヘリンボーンステッチ（別名）……30
レースドランニングステッチ（別名）……12
レゼーデージーステッチ……10
ロゼットチェーンステッチ……20
ローマンステッチ……42
ロングアームドフェザーステッチ……24
ロングアンドショートステッチ……9
ロングフレンチノットステッチ……38

わ
Y ステッチ（別名）……22